やってはいけないお金の使い方

Tomotaka Taguchi
田口智隆

きずな出版

はじめに──

お金が貯まる人、貯まらない人

「コロナのせいで仕事はうまくいかないし、全然お金も貯まらない」

私のまわりには、こう嘆く人がいる一方で、

「コロナで不便なこともあるけれど、これまで以上にお金が貯まるようになった」

と泰然《たいぜん》と構えている人もいます。

コロナ禍《か》によって、世界の経済は大きな打撃を受け、私たちの仕事や暮らし、家計にも影響が及んでいます。それと同時に、**富の二極化が進んでいる**といわれます。お金を持つ人と持たざる人の差が、ますます拡大しているのです。

「お金はいつでもある。ただポケットが変わるだけ」

これはアメリカの作家で、美術収集家でもあるガートルード・スタインの言葉です。どんなに不景気な世の中でも、お金は世界のどこかにあふれています。大切なことは、いつどんな経済状態になっても、そのお金を自分のポケットに貯めることができるかどうかです。

あなたのポケットには、確実にお金が貯まっているでしょうか。

もし貯まっていないなら、そのポケットには穴があいているかもしれません。お金を入れても入れても、気づいたら残っていない。もしそんな状態なら、それはお金の使い方をはじめ、お金との向き合い方が間違っているからです。

私たちのまわりでも、富の二極化は進んでいます。

お金を着々と貯める人と、お金が一向に貯まらない、あるいは失っていく人です。

それを分けるのは、毎日のお金の使い方や行動習慣です。

一つひとつの買い物や習慣はささいなものかもしれませんが、日々積み重なることによって大きな差が生まれ、その人の所有する資産の大きさも変わってきます。

とくにコロナ禍のような危機にこそ、日頃の行動や習慣が結果としてあらわれやすいのです。

20代の頃、ギャンブルやキャバクラなどで浪費ばかりし、自己破産寸前まで追い詰められた私は、「このままではいけない。どうしたらお金に不自由しない人生を手に入れられるのだろうか？」と真剣に考えました。

その答えを見つけるために、富裕層が集まる会合などにも潜入、これまで計３００0人を超えるお金持ちを観察してきました。

そこでわかったのは、**お金が貯まる人には共通の行動や思考のパターンがある**ということ。

一方で、**お金が貯まらない人たちには、こうしたお金持ちの行動や思考のパターンが見られない。**むしろ逆のことをやっていました。

その事実に気づいた私は、自らの生活習慣やお金との付き合い方を見直し、お金のストレスフリー（給料の額を上回る不労所得があること）の状態を実現。ミリオネアの仲間入りを果たしました。

お金が貯まる人の共通の行動や思考パターン

ある　　　ない

どんどん貯まっていく!　　　また今月もカツカツ…

お金が貯まる行動や思考パターンを
実践すればお金は貯まっていく!!

本書では、お金が貯まらない人の行動や考え方を「×」、お金が貯まる人の行動や考え方を「○」と明快な形で示しました。

あなたは、「×」に当てはまる行動をとっていないでしょうか？

もし心当たりがあるなら、それを「○」の行動に変えるだけで、お金が貯まる体質へと変わりはじめていきます。

コロナ禍のなかで先行きの見えない不安にかられている人もたくさんいることでしょう。お金が貯まりはじめると、将来への不安がふっと消え、不思議と人生が好転していくものです。

まずはひとつでもいいので、「×」だった項目を「○」に変えてみてください。

それが「お金のストレスフリー」を実現する第一歩となるはずです。

第1章 やってはいけないお金の「使い方」

第2章 やってはいけないお金の「増やし方」

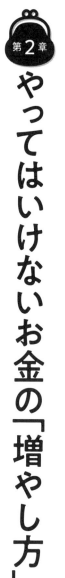

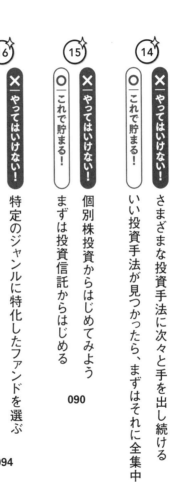

第3章 やってはいけないお金と「習慣」

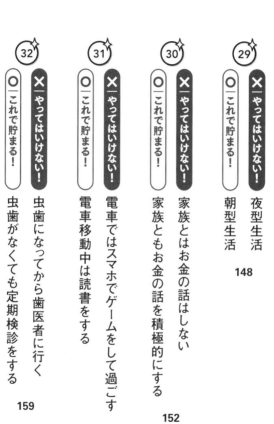

第4章

やってはいけないお金と「人間関係」

第5章 やってはいけないお金に対する「考え方」

※本書における情報は、あくまで情報提供を目的としたものであり、いかなる投資の推奨・勧誘をおこなうものではありません。本書の内容は2021年7月1日時点での情報を記載したものであり、法律・制度・商品内容などは予告なく変更される場合があります。本書の情報を利用した結果として何らかの損失が発生した場合、著者および出版社は理由のいかんに問わず、責任を負いません。投資にかかる最終決定はご自身の判断でお願い致します。

第1章

やってはいけないお金の「使い方」

01 お金の使い方

やってはいけない！

支払いはいつも現金ばかり

これで貯まる！

キャッシュレス決済が基本だ

新型コロナウイルスは、レジでの支払い方法にも大きな影響を及ぼしました。感染リスクのある現金払いではなく、非接触型のクレジットカードや電子マネーなどのキャッシュレス決済が当たり前の光景になってきています。「〇〇ペイ」という名称のスマホ決済サービスが乱立しているのは、みなさんもご存じの通り。

一方で、急速にキャッシュレス決済が普及しているにもかかわらず、かたくなに現金払いを続ける人も意外と多く見かけます。

レジで観察していると、最新サービスに疎《うと》いお年寄りだけでなく、中年や若者のなかにも現金払いをしている人がちらほらいます。

現金払いに執着《しゅうちゃく》する人の言い分を聞くと、このような答えが返ってきます。

「カードだとふだん買わないモノを買ってしまいそうで……」

「スマホ決済だとムダづかいしてしまいませんか？」

はっきり言います。

現金払いでもキャッシュレス決済でも、ムダづかいする人はムダな買い物をします。一方、ふだんキャッシュレス決済の人でも、しっかりお金が貯まっている人はたくさんいます。

私自身、現金はほとんど持ち歩きません。クレジットカードで事足りるからです。

私が知っているお金持ちのなかでも、いまなお現金決済を貫いているという人はいません。

現金払いにこだわるデメリットは2つあります。

ひとつは、紛失や盗難のリスクがあること。

現金は、財布を置き忘れたり、盗まれたりして失う可能性があります。クレジットカードであれば、利用を停止する手続きをとることができますし、ケースによっては被害額が補償されることもあります。しかし、失った現金は補償されません。財布をなくした経験がある人なら、そのリスクを痛感しているはずです。

もうひとつのデメリットは、ポイントが還元されないことです。

現金で支払っても、その価値に見合う商品を手に入れることはできます。いわゆる等価交換《とうかこうかん》が成立します。

一方で、クレジットカードやスマホ決済の場合、等価交換はもちろんのこと、プラスアルファでポイントなどが還元されるケースがほとんどです。

たとえば、1000円の商品を現金1000円で購入すれば、それで取引は完結します。しかし、同じ1000円の商品をクレジットカードやスマホで決済すれば、数%がポイントとして還元される。3%なら30円分のポイントがついてきます。実質的に、1000円の価値がある商品を970円と交換したことになります。

こう言うと「たった数%でしょ?」と反論する人もいます。

しかし、塵《ちり》も積もれば山となる、とはまさにこのこと。

年間300万円分をキャッシュレス決済で購入すれば、1%の還元率でも3万円も得することになります。2%なら6万円、3%なら9万円です。公共料金や家賃の引き落としでもポイントは貯まりますし、キャンペーンなどをうまく活用すれば、さらに大きな金額が還元されます。


同じ金額の商品を購入するなら、メリットのある決済手段を選択するほうが、お金が貯まるのは当然です。


1000万円以上の資産がある人は、数%程度の還元率にもアンテナを張っています。意外に思われるかもしれませんが、億単位の資産を運用しているミリオネアでもシビアに決済サービスを吟味しています。お金が貯まる人は、どうすれば有効にお金を使えるかを常に考えているのです。

なんとなく現金決済に固執《こしつ》する人と、キャッシュレス決済で日々ポイント還元を享《きょう》受《じゅ》している人――どちらのほうが、お金が貯まりやすいかはあきらかです。

02 お金の使い方

やってはいけない！

複数のクレジットカードをもつ

これで貯まる！

1枚のクレジットカードに絞る

お金持ちの財布のなかには、ブラックカードやプラチナカード、ゴールドカードなどがズラリとたくさん輝いている……そんなイメージが強いかもしれません。

しかし、現実のお金持ちは違います。

たしかに、買い物や食事をするときは、クレジットカードなどのキャッシュレス決済が基本ですが、財布のなかにクレジットカードは1枚だけ。その1枚を使い倒していいます。もしかしたら複数のカードを所有しているかもしれませんが、メインとして使用するカードは1枚に絞るというケースが多いのです。

複数のクレジットカードを持ち歩いている人は、言葉は悪いですが、単なる成金か、クレジットカードで借金をつくってしまった人かもしれません。

かつての私がまさにそうでした。

ギャンブルやキャバクラにはまって破産寸前まで追い込まれた頃の私は、クレジットカードで借金をし、ひとつのカードが限度額いっぱいになったら、別のカードをつくって、また限度額ギリギリまで借金して、さらに新しいカードをつくる。こんなことを繰り返しているうちに、財布のなかが各社のクレジットカードでいっぱいになってしまいました。

お金を貯めるプロセスで基本となるのは、自分のお金の収支を管理すること。

お金持ちは、「今月いくら支出しているか」を必ず把握しています。最低限、毎月どのくらいの額を使っているかを把握していなければ、お金を貯めることはできません。

私は現在、クレジットカードは1枚しかもっていません。そのカードの明細を見れば、いくら使ったか一目瞭然《いちもくりょうぜん》、お金の収支を管理するのも簡単です。

一方、クレジットカードを複数利用していると、自分のお金の流れがわからなくなってしまいます。

スーパーマーケットではAカード、コンビニではBカード、旅行関係はCカード……というように複数のカードを使い分けている人は、お金の流れを把握するのが困難になります。この場合、今月いくら使っているかを知るには、複数のアプリやサイトを立ち上げて金額を足し上げる必要があります。

なにごとも工程が多く、面倒くさいことは長続きしない。結局、預金からカード代が引き落とされてから、「えっ、こんなに使ってしまったのか！」とあわてることになります。


いつでもどこでも、使用するカードは1枚だけ。クレジットカードを1枚に集約すれば、お金の流れも一目瞭然です。

もし財布のなかに複数のカードが入っているなら、毎月の使用頻度を確認してみましょう。**月に2、3回しか使っていないカードであれば、メインのカードに集約してもとくに問題はないはず**です。

カードのポイントも1枚に集約したほうが貯まりやすくなります。分散しておくと、ポイントを使い切れないまま失効するのがオチです。

「近所のスーパーのカードはもっていたほうが安心だから」「入会するとポイントがつくから」「年会費無料だから」といった理由で新規のクレジットカードをつくってしまうことは少なくありません。

しかし、結局使わないことがほとんどですから、最初から「カードはこれ以上もたない」と決めることが大切です。


なお、お金持ちは年会費のかかるゴールドカードやブラックカードなどを所有しているイメージがあるかもしれません。職業柄やブランディング戦略のために、あえて〝見せる〟ために持つケースはありますが、現実は少し異なります。

意外なことに、年会費無料のクレジットカードを使用している人が少なくありません。**お金が貯まりやすい人は、カードの特典が年会費の金額に見合うかどうかを吟味します。無意味に年会費のかかるクレジットカードはもたないのです。**このような出費にまで目が行き届いているからこそ、お金が貯まるのです。

03 お金の使い方

やっては いけない！

携帯電話は、契約したときのプランのまま使う

これで 貯まる！

定期的に契約プランを見直す

あなたは毎月、スマートフォンにどのくらいの料金を払っているでしょうか？

即答できない人は要注意。間違いなくお金が貯まりにくい人です。

スマホの通信費は「固定費」です。

固定費は家賃などと同じで、毎月決まって出ていく金額ですから、家計のなかでも大きな割合を占めます。月額1万円だとしたら、1年で12万円、10年で120万円にもなります。決して小さい額ではありません。

したがって、**お金を貯めたいなら、この固定費をいかに抑えるかがポイントとなるのです。**固定費は毎月の支払いですから、いったん低く抑えることができれば、その

節約効果は大きくなります。

「携帯料金値下げ」を看板政策に掲げてきた菅政権の働きかけによって、2021年、スマホの三大キャリア（ドコモ、au、ソフトバンク）が相次いで割安な新プランをはじめました。その結果、スマホ料金は月額3000円を切る水準まで下がり、ソフトバンクはさらに990円の低料金（低容量）プランを発表しました（2021年7月現在）。これまでの三大キャリアの料金プランと比べて、大幅な値下げとなったのです。

ただし、これらのプランの契約手続きは原則、インターネットに限られます。だから、新プランに乗り換えるのは若者が中心だと思われがちですが、じつは年齢を問わずお金持ちの多くも新プランへの移行手続きを進めています。

そもそも、本当のお金持ちで三大キャリアの従来プランを使っている人は少数派です。新プランがスタートする前は、私も含めて多くのお金持ちは、いわゆる「格安スマホ」（格安SIM）を使っていました。 なぜなら、格安スマホでも機能やサービス面で三大キャリアに劣らなかったからです。もちろん、格安スマホでも全国どこでもつながります。

同じような機能であれば、圧倒的に料金が安い格安スマホを使ったほうがお得です。スマホ代は毎月の固定費ですから、月額が数千円違えば大きな差になります。三大キャリアよりも格安スマホのほうが経済的に合理的な選択といえます。

一方、お金が貯まらない人は、「格安スマホは信用できない」「格安スマホは電波がつながりにくい」などと、自分で調べることなく思い込んでいる場合がほとんどです。まさに思考停止の状態です。

三大キャリアから他社の格安スマホに乗り換えるのは、手間がかかり、心理的な抵抗感があったかもしれません。しかし、今回の三大キャリアの新プランは、キャリアを変える必要はなく、プランをスライドさせるだけです。

インターネット経由で契約するのはむずかしそう……という人もいるかもしれません。しかし、NTTドコモの新プラン「ａｈａｍｏ（アハモ）」は３３００円を支払えば店頭で手続きできるようになっています。ネットでの手続きに抵抗感がある人にはオススメ。１か月で元がとれます。もちろん、インターネットにくわしい家族や知人に協力してもらって手続きをしてもいいでしょう。

長い目で見れば、このプラン変更は多少の面倒を乗り越えてでも実行する価値があります。

最初に契約したときのプランをそのまま使っている人はお金が貯まりません。スマホ代のような固定費は、定期的に契約プランを見直しすることが必要不可欠です。

私は絶えずスマホのプランを見直してきた結果、データ通信量が1GB（ギガバイト）の低価格プランで契約しています。最近は、自宅はもちろん外出先でもWi-Fiがつながりやすくなっているので、ギガを消耗する機会が減っているからです。

もしあなたが30GB、50GBなどの高額プランを契約しているなら、そのプランを見直してみる価値があります。キャリアのショップに足を運んで、料金プランの見直しについて相談してみましょう。

知り合いの資産家は、あるショップで新プランの見積もりをとったあと、その見積もりをもって別のショップを訪れたそうです。その結果、さらに安いプランを提案されたとか。

お金の使い方が上手な人は、「比較」することが習慣になっているのです。

お金の使い方 04

やってはいけない!

35年の住宅ローンで家を購入する

これで貯まる!

家は一生、賃貸でOK

ローンを組んで家を購入するか、それとも賃貸の部屋を選択するか——。

これはなかなか議論が尽きないテーマです。

私は自分の著書を通じて、何度も住宅ローンよりも賃貸をすすめてきましたが、コロナ禍になったいまでも、あいかわらず長期のローンを組んで家を購入する人が多いと感じます。自宅の近所にある新築マンションも大変な人気の様子で、抽選になっているほどです。

不安を感じるような社会情勢下だと、マイホームのような「安定」を求める心理が働くのかもしれませんが、住宅ローンを組んでしまったら、逆に「安定」から遠ざかることになります。

もちろん、どちらが得かは一概《いちがい》にはいえない面もあります。ケースバイケースです。何歳まで生きるか、どんな家に住むか、何年ローンを組むかなどによって損得は変わってきますし、何に幸せを感じるかという価値観にもよるからです。

ただ、あなたがお金を貯めたいなら、間違いなく賃貸が有利です。

誤解を恐れずにいえば、住宅ローンを組むのは、地獄へと足を一歩踏み入れるに等しい行為です。いちばんの問題は、収入が右肩上がりになるという前提でローンを組んでしまう点にあります。

すでにお金をもっていてローンを組まずに家を購入できる場合は別ですが、家を購入するとき、たいていは20年、30年に及ぶ住宅ローンを組みます。35年ローンも当たり前になっています。

計画通りにローンを返済できればいいですが、20〜30年先は誰も見通せません。

会社が倒産する可能性もありますし、リストラの対象になるリスクもあります。また、期待したように給料が上がらないケースも十分に考えられます。病気やケガで人生プランが狂う可能性もあるでしょう。

近年では、地震や洪水などの災害もリスクとして考慮に入れなければいけません。毎年のように大きな天災が起きている日本には、絶対に安全な土地などありません。

さらには、ライフスタイルの問題もあります。

ひとたび購入したら、一生同じ家に住み続ける覚悟が必要です。しかし、人生100年時代になれば、仕事や家族の環境も変わっていきます。

たとえば、いまはキャリアチェンジ（転職）するのが当たり前の時代です。いまと同じ会社、ライフスタイルをずっと続けるほうがめずらしくなるでしょう。

また、将来、子どもが独立して出ていったら、夫婦2人で広い家に住むことになります。家そのものも20年、30年もすれば傷んでボロボロになっていきます。50年、60年にわたって住むには、リフォームなど補修も必要になります。

それでも、ローンの返済だけは変わらず続けなければなりません。つまり、ひとたびローンを組んでしまえば臨機応変に対応することができないのです。

ローンを組むことの致命的なデメリットは、お金を増やすためのタネ銭（元手）が

なくなってしまうことです。

住宅ローンを組むと、その返済が優先され、投資などにまわすお金を工面《くめん》しづらくなります。会社でがむしゃらに働くだけでは、たしかに生活に不自由はしないかもしれませんが、お金持ちになるチャンスもなかなかつかめません。

結局、ローンを返すために毎日働く人生で終わってしまうのです。

一方、お金持ちは、長期的な視点をもち、住宅ローンを組むことを避けます。さまざまなリスクや環境の変化があることを前提に人生設計を立てているのです。

仮に収入が下がったときは、家賃の低い賃貸マンションに引っ越す。収入に見合った生活レベルを保てれば、苦境を脱し、再起を図るチャンスを虎視眈々《こしたんたん》と狙えます。

もしも住宅ローンがあったら、そうはいかないでしょう。金銭的にも精神的にも余裕がなくなってしまいます。反対に、収入が上がったら、高い家賃のマンションに引っ越せばいいのです。

もちろん、賃貸なら投資に振り向けるお金も確保できるので、確実に資産を増やすことも可能です。もし家を買いたいなら、キャッシュで購入できるだけの資産をつくってからでも遅くありません。

最近は、多拠点生活を楽しむお金持ちも増えています。「夏は避暑地で、冬は南国で」というように自分の好きな場所で暮らせれば人生の質も上がります。

このような自由度の高いライフプランを実行するなら、やはり賃貸派のほうが動きやすいでしょう。

ちなみに、最近では「ＡＤＤｒｅｓｓ（アドレス）」という会社が、「定額で全国住み放題」というサービスを打ち出し、注目されています。「月額４・４万円〜」の料金を支払うと、アドレスが管理する日本各地の家に住み放題となります。好きなときに、好きな場所で、好きな暮らしを実現できる、というわけです。

これは少し極端なライフプランかもしれませんが、これ以外にもシェアカー、シェアオフィスなど、時代は確実に「所有」よりも「使用」がトレンドとなっています。

お金が貯まる人ほど、所有にこだわらずに、自由に人生を謳歌《おうか》しているのです。

お金を貯めたいなら、賃貸が有利

×	○
長期住宅ローン	**一生賃貸にする**
20〜30年後は見通せない（リストラ、病気、災害…etc）	収入が下がったときは、家賃が低い物件に引っ越せる
ライフスタイルを変えることができない	ライフスタイルに応じて住む環境も変えられる
お金を増やすためのタネ銭（元手）がなくなる	**投資に振り向けるお金も確保できるため、資産を増やせる**

ローンが
負担に…
Bad...

家は賃貸
でOK!!
Good!!

お金の使い方 05

やってはいけない！

欲しいものを買う

これで貯まる！

必要なものを買う

家のなかを見渡してみましょう。

すでに使っていないものはないでしょうか？

クローゼットのなかに眠ったままになっているものはないでしょうか？


ある知人の家を訪問したときの話です。

その人の家のなかに入ると、ものがあふれかえっていました。

驚いたことに、一人暮らしにもかかわらず、傘立てに10本以上の傘が置いてありました。１本１万円以上しそうな高級ブランドの傘から、５００円のビニール傘まで無《む》造作《ぞうさ》に放置されていたのです。

その知人に聞くと、「買うときはすごく気に入っていたけれど、1、2回使っただけでいまはもう全然使っていないものもある」とのこと。もったいないと感じました。

最近、あるミニマリストの方と対談する機会がありました。そのとき盛り上がり、我が意を得たりと感じたトピックがこれです。

買い物をするときは、「欲しいもの」と「必要なもの」を分けて考えるべきだ、ということです。

欲しいものを衝動買いする経験は誰もがしているでしょう。しかし、それは一時の満足を得られるにすぎず、結局は「イメージと違った」「意外と使いづらかった」と、クローゼットや棚にしまい込む結果となりがちです。

お金が貯まる人は、「必要かどうか」を判断基準にして買い物をします。「欲しいもの」が本当に必要なものかどうか、しっかり品定めしているのです。

そのミニマリストの方も、自分の買い物をするときに「必要かどうか」を考えてから買うことで、部屋がモノであふれるのを防いでいるそうです。

さらには、子どもを教育するうえでも、「欲しいもの」と「必要なもの」を区別するよう意識づけしているとか。子どもに買いたいものをすべて書き出させ、それを「欲しいもの」と「必要なもの」に分類させる。それを習慣にすることで、不要なものを衝動買いすることを防ぐことができる、というわけです。

生活している部屋を見ると、その人が「欲しいもの」と「必要なもの」を意識して買い物しているかどうかがわかります。

とくに洋服の入ったクローゼットがわかりやすいです。奥に着ていない服がたくさん眠っていないでしょうか。気に入って購入したけれど、数回しか着ずに何年もクローゼットにしまったままの服もあるかもしれません。その服はあくまでも「欲しいもの」であって、「必要なもの」ではなかったのです。

私の場合、これまで不要なものをたくさん買ってきましたが、とくにそれがあらわれやすいのが本棚です。「おもしろそう」「役に立ちそう」と勢いで購入したものの、結局ずっと読まずに本棚に眠っていた書籍がたくさんあります。

では、「必要なもの」を判断する目を養うにはどうしたらよいでしょうか。

そのミニマリストの方は、片づけられない人に対してこのようなアドバイスをしているそうです。

「家のなかにある、使っていないものの金額を見える化してみましょう」

たとえば、クローゼットの洋服をすべて外に出して、「着ている服」と「着ていない服」に分ける。そして、着ていない服の購入金額を足し上げていく。すると、どれだけムダな買い物をしてきたかを実感できます。

最初から必要なものだけを購入するのは簡単ではありません。上手にお金を使う人は、失敗を繰り返すことで、買い物のときの判断力を磨いているのです。

支出の種類には「①消費」「②浪費」「③投資」の3つがあります。

①消費とは、人が生活していくために必要なお金のことで、食費、住居費、光熱費、交通費、通信費など、衣食住に関わるものです。

②浪費は、まさしくムダづかいしたお金。ギャンブル代やキャバクラでの飲み代、タバコ代、たいして着ることなくタンスの肥《こ》やしになってしまった洋服代、などです。「欲しい」という感情に流されて購入したものは、だいたい浪費になります。

③投資とは、自分の将来の目標のために使うお金です。貯金や金融商品（株式投資など）への投資にまわす資金も、これに該当します。そのほか、セミナーや勉強会への参加費、資格取得のための学費、書籍代（読まなかった本は浪費）なども投資に含まれます。

お金が貯まる人は、自分が使うお金が3つの支出のどれに該当するかを意識してモノを購入しています。そうして「必要なもの」を買うセンスが磨かれていきます。反対に、3つの支出を意識していない人は、「欲しいもの」の衝動買いを繰り返してしまうのです。

まずは、お金の使い道には3つあることを意識することが、お金を正しく扱うための第一歩となります。

使ってないものの金額を見える化しよう

Aさんの場合

着ていない服 → **20万円**

＋

読んでいない本 → **2万円**

＋

使っていない雑貨 → **3万円**

＋

使っていない楽器 → **10万円**

⋮

↓

どれだけムダな買い物をしてきたかがわかる!!

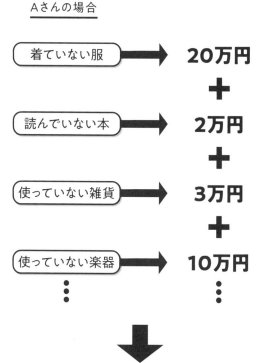

06 お金の使い方

やってはいけない！

借金は絶対ダメ！

これで貯まる！

チャンスをつかむための、いい借金もある

多くの人が「借金＝悪」「借金は怖い」というイメージをもっています。これにはテレビや映画の影響もあるかもしれません。借金取りに追われる人は、不幸の道を転がり落ちる典型例として描かれます。

たしかに借金は返済しなければいけませんし、返済できず利子が膨《ふく》らめば、生活は困窮《こんきゅう》し、心理的負担も重くのしかかってくるでしょう。

ただし、借金には2つの種類があります。

「よい借金」と「悪い借金」です。

悪い借金とは、浪費が原因の借金。

かつての私は、パチンコや競馬、キャバクラなどにうつつを抜かし、それが原因でカードローンから借金をして自己破産寸前まで追い込まれました。

一方、よい借金は、チャンスをつかむための原動力になります。

駆け出しのあるコンサルタントの話です。起業したばかりで、知名度も実績もほぼゼロ。もちろん、収入もほとんどありません。

しかし、手元を見ると高そうな高級腕時計が輝いています。どこからどう見ても、ロレックス。80万円はする代物です。

彼に聞くと、「現金がなかったのでローンを組んで買った」とのこと。なぜ、借金をしてまで高級腕時計を購入したのでしょうか。

彼いわく「コンサルタントは信用商売。ビジネスで成功するための秘訣《ひけつ》を教えるのに、自分が安っぽい腕時計をしていたら説得力がない。高級腕時計をしていれば、『この人は成功しているに違いない』と思ってもらえる。だからスーツも腕時計もローンを組んで買いそろえた」とのこと。

彼は、結果的にコンサルタントとして大成功を収め、ロレックス以外の高級腕時計も身につけています。

借金をすすめるつもりはありませんが、「借金＝悪」という決めつけは短絡的と言わざるを得ません。

お金持ちは、どうしても自分に必要なものであれば、借金をしてでもすぐに手に入れようとします。**「お金が貯まってから買おう」という発想では、チャンスを逃してしまうから**です。

ソフトバンクの創業者である孫正義氏が、多額の借金をしながらも会社を買収して事業を次々と拡大することができたのは、ここぞというチャンスを逃すことなく、借金を有望な投資にまわすという決断ができたからでしょう。

たとえば、ある会社員がインターネットビジネスのアイデアを思いついたので、副業をはじめることにしたとします。しかし、パソコンなどの必要な機材や、プログラマーに外注するための資金が手元にない……。

このとき、「資金がないから」とあきらめてしまえば、自ら成功の芽を摘《つ》んでしまうことになります。あるいは「資金を貯めてからはじめよう」と先延ばしにしても、成功させるのはむずかしいでしょう。時間が経てば経つほど、テンションや情熱は下がってしまいますし、他のライバルに先を越されてしまうおそれもあります。

なにごとも「やりたい」という感情がマックスに高まっているときにはじめなければ、行動に勢いがつきません。時間が経つほど、できない理由を探して、「やっぱり無理だ」とあきらめてしまうものです。

お金持ちになれる人は、目的が明確です。どうしてもいま資金が必要であれば、借金もいといません。「成功するためには必要だ」と確信をもったら、お金を借りてでも手に入れる。お金持ちになるには、そのくらいの大胆さが必要なのです。

ただし、借金はいま手に入れることに価値があるもの、そして価値が下がらないものに対してすべきです。 購入後に資産価値が下がり続ける住宅ローンは、悪い借金の典型例といえます。

07 お金の使い方

やってはいけない！

新幹線はグリーン車に乗る

これで貯まる！

新幹線は自由席に乗る

新幹線に乗るときはグリーン車、飛行機はビジネスクラスかファーストクラス、宿泊するのは高級ラグジュアリーホテル……。これが、お金持ちに対する一般的なイメージかもしれません。

たしかに、お金持ちの人は快適さを優先して、グリーン車や高級ホテルを使っていますが、お金が貯まる人は、それだけでなく、もうひとつのモノサシをもっています。

「費用対効果」です。

私の知り合いである投資家は、一生働かずに暮らしていけるだけの資産をもっているにもかかわらず、費用対効果には徹底的にこだわります。

仕事の出張で新幹線を使うときは、基本的には自由席。休日などで混みあうときは指定席を使いますが、ほぼ間違いなく座れる平日の時間帯であれば、ためらうことなく自由席に乗っていきます。

飛行機で移動する場合も、基本はエコノミークラス。プライベート以外でビジネスクラスやファーストクラスに座ることはありません。LCC（格安航空会社）も積極的に使用します。

出張で宿泊するのは、5000円前後から宿泊できるシティホテルやビジネスホテルです。

仕事の出張で、一人で移動・滞在するときは、必要以上にぜいたくをすることなく、費用対効果を優先しているのです。

その投資家いわく「高いお金を払っても到着する時間は変わらない」とのこと。

時間を買えるのであれば、高い金額を払う価値がある。しかし、そうでないなら余計に払った金額は浪費にすぎない、というわけです。

私自身、1時間程度の移動であれば、迷わず自由席やエコノミークラスを利用します。東京から沖縄でも3時間弱ですから、エコノミーでも不満はありません。

ただし、両隣に人が座るなど移動に苦痛を感じるのは精神衛生上よくありません。そこで、自由席やエコノミークラスの混雑が予想される場合は、ためらうことなく指定席やグリーン車、ビジネスクラスを予約します。

しかし、混雑しない時間帯に移動すれば、たいていは自由席やエコノミークラスでも支障はありません。とくにコロナ禍になってからは、どの交通手段も空《す》いているので、ほとんどが自由席移動です。

最近は東海道・山陽新幹線を使用する際に、「スマートEX」というネット予約&チケットレスサービスを重宝《ちょうほう》しています。このサービスを利用すると、直前でも座席変更が簡単にできるため、隣が空いている席を確保しやすくなります。

ただ誤解してほしくないのは、お金が貯まる人は、「節約できるかどうか」だけでなく、「費用対効果」をモノサシにしているということです。**必要があれば惜しみなくお金を使います。**

私を含めお金の使い方が上手な人は、家族とプライベートの旅行を満喫《まんきつ》するときは、移動や宿泊にはお金をかけています。効率的にお金を稼ぐのが目的ではなく、家族と楽しい思い出となる時間を過ごすのが目的だからです。

また、お客さまとホテルで面会する必要があるときは、お客さまに安心感を与えるために、高級感のあるラウンジを備えた一流ホテルに滞在し、そこで迎えます。面会の場所がシティホテルやビジネスホテルのなかにある庶民的な喫茶店では、お客さまは「この人は本当に信頼できるだろうか」と心配になってしまいますから。

お金が貯まる人は、実利をともなわないぜいたくも見境のない節約もしません。「この金額を払う価値があるか」を基準にお金を使っているのです。

08 お金の使い方

やってはいけない！ 近距離の移動なら歩こう

これで貯まる！ 近距離移動でもタクシーに乗る

次の仕事の打ち合わせ場所までは徒歩15分。時間的に歩いても十分に間に合う。このケース、あなたならどうするでしょうか？

「15分くらいなら、運動のために歩こうかな。タクシーを使うのもお金がもったいないし……」

残念ながら、このように考える人は、お金の使い方が上手とはいえません。

お金持ちは、時間や効率を最優先に考え、近距離でもタクシーで移動します。

いまの東京のタクシー（島しょ地区除く）は、初乗り420円（約1キロ）。神奈川（小田原地区除く）や千葉、埼玉は初乗り500～620円（約1・2～1・5キロ）です。以前と比べて、ぐっと利用しやすい料金体系になっています。

ビジネスには優先順位があります。ずばり、結果を出すことです。

そのためにも、お客さまに対してベストを尽くし、信頼関係を築く必要があります。徒歩15分の距離でも、歩いて移動するのは大変なストレスをともなうことがあります。

たとえば、雨が降っている日。

お客さまのオフィスに着くまでにスーツがびしょびしょに濡れていたら、相手も不快に感じますし、自分自身も大事な面会に集中できません。このようなケースでは、躊躇《ちゅうちょ》なくタクシーを使ったほうがいいでしょう。

また、夏の暑い日。

近年の暑さは尋常《じんじょう》ではありません。夏にかぎらず、春や秋でも数分歩くだけで汗が噴《ふ》き出すような日があります。

お客さまのオフィスに到着したときに汗だくになっていれば、やはり面会に集中できませんし、相手にも不快感を与えてしまいます。

移動中の人混みもストレスになります。

人とぶつからないように歩くだけで気を遣います。ビジネスの場面でベストパフォーマンスを発揮するには、メンタルの安定が重要です。移動中や到着後にストレスを感じているようでは、満足のいく仕事ができません。

お金持ちになれる人は、相手目線やビジネスの目的などから、優先順位を総合的に判断し、臨機応変に行動しているのです。

したがって、ワンメーター程度の距離であれば、ためらうことなくタクシーに乗ります。ストレスを感じることがありませんし、短時間で現地に到着できます。急ぎ足でギリギリに到着するようでは、平常心で仕事に臨めません。

ただし、時間に余裕があり、天気が悪くなければ、15分くらいの距離は自分の足で歩くという選択もアリです。

いちばんの健康管理は、適度に運動することですから。

誰にとっても、まずは体が健康であることがなによりも大切。せっかくお金をもっていても、健康がおびやかされれば幸福感は得られません。

そのため、お金持ちのなかには、毎日ウォーキングをしたり、ジムに通ったりと日々の生活に積極的に運動を取り入れている人が少なくありません。

ゆっくり運動する時間を確保しにくい人は、日々の生活のなかに、簡単な運動をする機会を組み入れることをおすすめします。

たとえば、エスカレーターやエレベーターを使わずに階段で移動する。少し遠回りして最寄りの駅まで歩く。1駅分の移動であれば電車を使わずに歩く……。私がお金持ちの人と移動するとき、彼らは意外なほど階段を使います。「私よりも足腰がしっかりしているのではないか」と思う人生の大先輩もたくさんいます。

お金持ちになる人は、タクシーに乗るべきか徒歩で運動すべきか、状況に合わせて臨機応変に選択できるのです。

09 お金の使い方

やってはいけない！

生命保険は貯蓄タイプ

これで貯まる！

生命保険は掛け捨てタイプ

世の中のほとんどの商品は、セットにすると安くなります。

ラーメンとチャーハンをそれぞれ単品で注文するよりも、2つをセットにしたほうが安くなるのが世の常です。

ところが、このセットの法則が通用しない例外の商品があります。

生命保険です。

あなたも加入しているかもしれませんが、多くの人がその中身をきちんと知らないまま契約し、毎月保険料を払い続けています。

生命保険は、「掛け捨て型」と「貯蓄（積立）型」の2つのタイプに大きく分けら

れます。

掛け捨て型は、いわゆる「定期保険」といわれる商品で、月々の支払いが少なく済むのがメリット。その代わり、保障期間が決まっているため、その期間内に死亡しなければ払ったお金は戻ってきません。

たとえば、30歳から60歳までの30年間、毎月3０００円の保険料を払い続けたとしたら、１０8万円（3０００円×12カ月×30年）は払いっ放しということになります。

だから、「掛け捨てはもったいない。将来お金が戻ってくるほうがいい」と考える人が少なくありません。

そういう人は、貯蓄型の保険を選びます。

貯蓄型である「終身保険」などの商品は、月々の保険料の支払いは高くなります。その代わり、死亡することなく支払いが満期を迎えることができれば、払い込んだ以上のお金が戻ってきます。

ここで注目すべきなのは、終身保険は、いざというとき保障してくれる「保険」部分と積み立ての「貯蓄」部分の2層に分かれるということ。

たとえば、月々2万3000円の保険料であれば、3000円が保険部分。この部分は掛け捨てと同じ役割を果たしますが、残りの2万円の貯蓄部分は保険会社が運用し増やした上で返ってきます。

つまり終身保険の貯蓄部分は、毎月コツコツと積立預金をしているようなものです。

お金を貯めるのが苦手な人にと

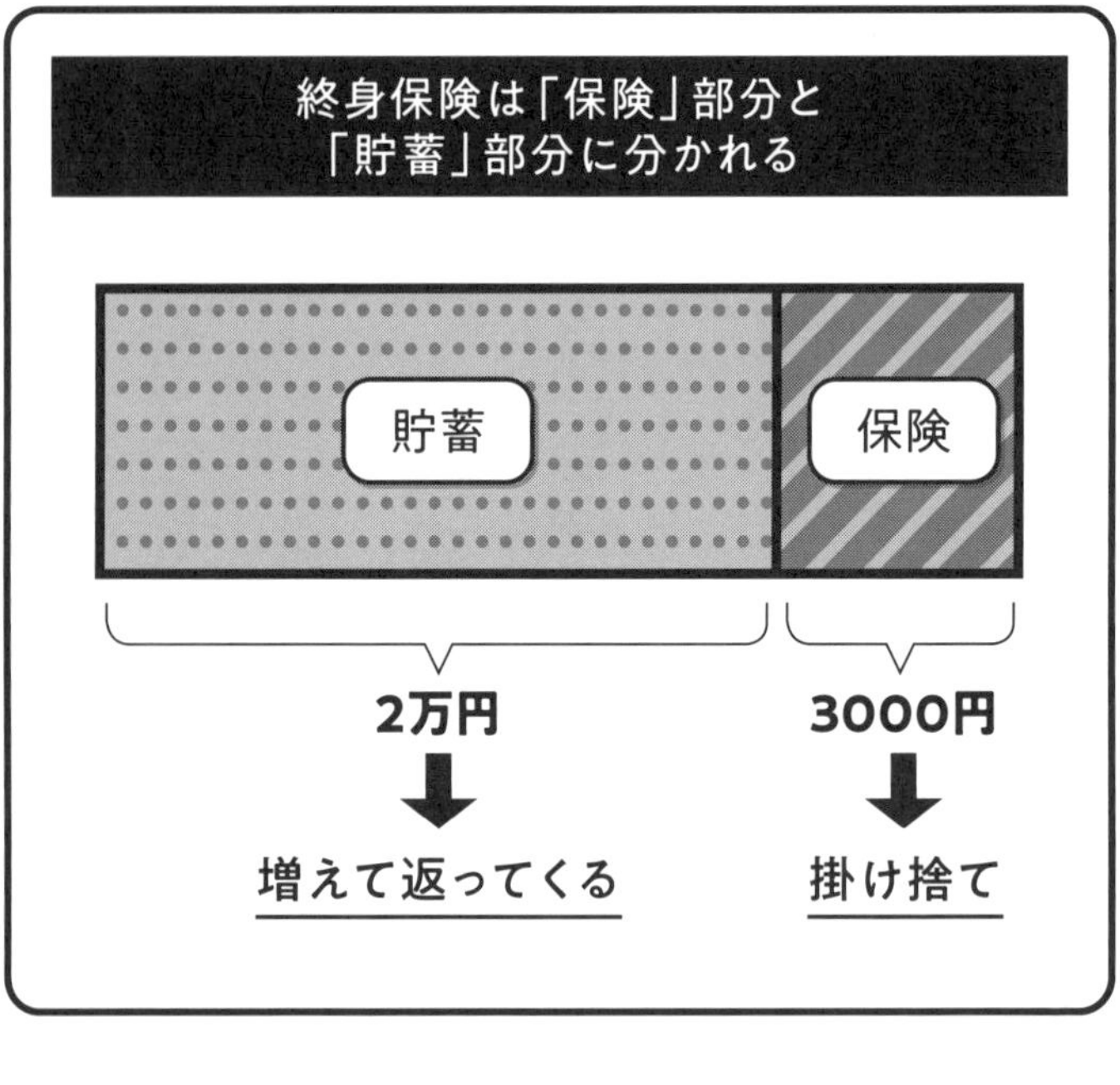

っては、半強制的にお金が貯まっていくので、終身保険を利用したほうがいいという考え方もあります。

しかし、お金持ちになる人は、「保険」と「貯蓄」を切り離して考えます。

本来、保険というのは、いざというときの「リスク」を回避するために入るもの。だから、**「保険」部分以外のお金を保険会社に「貯蓄」するぐらいであれば、自分で投資などの運用にまわして、より大きなリターンを得たほうがいい**と考えるのです。

したがって、お金が貯まる人は、掛け捨ての保険を選びます。

とくに20〜30代の頃は、高額な終身保険を払うよりも、自己投資や資産運用にまわしたほうが、将来のリターンは大きくなります。

高額な保険料を払ったばかりに、投資に使うお金が減ってしまうのは本末転倒といわざるをえません。

民間の保険会社の場合、必ず保険金を運用するためのコストがかかっています。

たとえば、保険会社の社員の人件費、CMなどの宣伝広告費なども当然、加入者からの保険料でまかなう必要があります。加入者は貯蓄をしているつもりでも、保険会社の運用コストも負担していることになるのです。

したがって、**「保険」部分以外のお金を保険会社に「貯蓄」するぐらいであれば、第2章で紹介する「投資信託の積立投資」にまわして、より大きなリターンを得たほうがいいのです。**

以上のことから結論をいえば、もし民間の保険に加入する必要に迫られたら、「貯蓄型」ではなく、「掛け捨て型」の保険を選ぶほうが賢いのです。

10 お金の使い方

やってはいけない！ 入院への備えは医療保険で

これで貯まる！ 医療保険よりも定期的な人間ドック

「まわりの友人や同僚が加入しているから」「親にすすめられたから」といった理由で民間の医療保険に入る人は少なくないようです。

しかし、本当に民間の保険に加入する必要があるのでしょうか。

日本には、公的医療保険制度があります。会社員だと毎月の給与から健康保険料が差し引かれています。ふだん病院に行かない人は、そのありがたみを実感しにくいかもしれませんが、日本の健康保険はじつによくできた制度です。

最大のメリットは、病気やケガで治療を受けたときに、医療費の3割の自己負担（69歳まで）で済むことです。もし医療費を全額自分で負担しなければならないとし

たら、ちょっと体調が悪いくらいでは、気軽に病院を利用することができません。いざというとき病院に頼ることができるのは、とてもありがたいことなのです。

また、健康保険に加入していると、「高額療養費制度」「傷病手当金」「出産育児一時金」「出産手当金」などの制度も利用できます。

ふだんは健康保険のありがたみを感じる機会はあまりないかもしれませんが、万一のときには、非常に心強い制度なのです。

万一のときを考えると民間の保険にも入っていたほうが安心するかもしれませんが、あくまで保険は万一の事態が起きたとき、自分や家族が金銭的に困らないようにするためのものです。

入院するような事態になったときも、ある程度の貯金があり、とりあえず入院費用を捻出できるのであれば、民間の保険に入っていなくても事足ります。健康保険が充実しているので、自己負担はかなり抑えられます。貯金が100〜150万円もあれば、困ることはほぼありません。

民間の医療保険に入っていれば、毎月決まった額の支払いが積み重なっていきます。

いくら安心を買いたいからといっても、保険料の支払いは毎月のことですから長い目で見れば、相当大きな出費となります。

私は新入社員の頃、美人のセールスレディーと仲良くなりたいという不純な動機で、高額な死亡保障付き保険に入ってしまった過去がありますが、20代、独身の私にはいらない保険でした。

民間の医療保険の場合、受け取れる保険金は意外と少ない、という問題もあります。

たとえば、「入院した場合、1日につき1万円を受け取れる」という商品があるとします。多くの人は、「長期間入院することもあるかもしれない」という不安を和らげるために、こうした医療保険に入ります。

しかし、現実は長期間入院するような病気やケガはまれです。病院はベッドを回転させたほうが儲《もう》かるので、できるだけ早く退院させる傾向があります。しかも、医療保険の多くは「1か月まで」といった制限がついています。

そのような医療保険の現実を伝えると、今度は「1か月の入院を3回すれば、3か月分の90万円をもらえる」と反論する人もいます。しかし、よほどの大病を患《わずら》わなければ、そのような状況にはなりませんし、そもそも保険は得をするために入るものではありません。

結局は、払い込んだ以上に保険金を受け取れるケースはめったにないのです。

患ってもいない病気の心配をするくらいであれば、ふだんから体のケアに気を遣ったほうが賢明です。民間の医療保険に払うはずのお金を人間ドックの受診にまわすことをおすすめします。

人間ドックの費用の相場は1日コースで3〜6万円前後。それなりの出費になりますが、1年に一度、定期的に体の隅々まで診てもらえれば安心です。

もちろん、どこも悪いところが見つからないのが理想ですが、仮に悪いところが見つかったとしても、早期発見すれば早めに治療を開始できますし、身体的にも金銭的にも負担は少なく済みます。

症状が悪化してから病院に行くことになれば、治療も長引きますし、最悪の場合、死に至るおそれもあります。長いスパンで考えても、人間ドックを定期的に受けておけば、充実した人生を送ることができます。

私自身は、痛い・苦しい検査が苦手なので、公的な検診ではなく、体への負担が少ない人間ドックを選んでいます。不快な検査として悪名高《あくみょうだか》いバリウムや胃カメラものんだことはありません。その分、少々コストは高くつきますが、気分的にも憂鬱《ゆううつ》になりません。なにごとも同じですが、億劫《おっくう》なことは長続きしません。そのストレスをできるだけ取り除くことが長続きさせる秘訣です。

また、体のケアという意味では温泉で湯治《とうじ》をするのもいいでしょう。1泊2日ではなく、3泊ほどすれば心身ともリフレッシュできます。なんとなく保険料を払い続けるよりも、温泉にお金を使ったほうが納得感も得られます。

お金持ちは、体がいちばんの資本であることを肝に銘じています。病院のお世話にならないのがいちばんハッピーですから、運動をしたり、健康的な食事をしたり、規則正しい生活をしたりするなど、病気の予防に取り組むことが大切です。

お金の使い方 11

やってはいけない！

保険は代理店から加入する

これで貯まる！

保険はネットから加入する

ここまでさんざん民間保険のデメリットを挙げてきましたが、もちろん場合によっては加入したほうがいいケースもあります。

たとえば、貯金があまりない人はセーフティーネットとして保険のメリットを最大限に享受できますし、扶養する家族がいる場合は、保険は残された家族の安心にもつながります。

では、保険に加入する場合、どのような商品を選べばいいでしょうか。

重要なのは商品そのものではありません。「どこで加入するか」です。

保険商品は各社それぞれ保障内容に多少の違いはあっても、商品設計はかなり似通っています。したがって、誤解を恐れずにいえば、同じ種類の保険商品なら、どの商品を選んでも大差はありません。

一方で、保険料には大きな差があります。どこで加入するかによって、月々支払う保険料が大きく変わってくるのです。

いまでは少なくなりましたが、かつては保険の外交員が会社にやってきて、新入社員に保険に入るよう勧誘していたものです。もしくは保険会社の代理店から加入するのがポピュラーなルートでした。

いまでも一定の年代以上になると、人を介《かい》して購入することに安心感を覚えるようです。保険は安心を買う商品なので、その気持ちは理解できます。

しかし、お金持ちはシビアに商品を比較します。

あらゆる保険商品にいえることですが、代理店などから加入するよりも、ネット経由で加入したほうが絶対にお得です。

たとえば自動車保険は、同じ条件で比較すると、代理店よりもネット専業の保険会社のほうが数万円単位で安くなります。代理店経由より2分の1で済むケースもあります。

ライフネット生命、SBI損保のようなネット専業の保険会社は、人件費や店舗のコストを低く抑えられるので、その分、保険料を安くできます。

一方、大手保険会社や代理店だと人件費や店舗のコストのほかにも、広告費などのコストも加わります。テレビなどのメディアで盛んにコマーシャルを打っているので、知名度は高いですが、それらの宣伝コストは加入者の保険料に転嫁《てんか》されています。その分、割高にならざるを得ないのです。

これは証券会社と同じです。ネット証券がまだ存在しない時代は、証券会社の店舗で口座を開設し、担当者を通じて株の売買をしていました。その分、手数料が高くなり、株式投資は長い間、限られた人の資産運用手段でした。

しかし、ネット専業の証券会社が誕生してから、手数料などのコストは大幅に下がり、多くの一般投資家に門戸《もんこ》が開かれました。

いまでは、同じ株式を売買するなら、コストの安いネットを使うのが常識となっています。

お金が貯まる人は、商品の価値が変わらないのであれば、よりコストパフォーマンスの高い商品を選びます。「**どこから買うか**」**だけで価格が変わるなら、安いほうから買うのが賢い買い物**といえます。

万一事故に遭《あ》ったり、病気やケガをしたりしたときは「代理店のほうが担当者に直接連絡できて安心感がある」という人もいます。その気持ちはわかりますが、もし土日祝日や営業時間外であれば、結局は代表のフリーダイヤルに連絡することになります。それではネット専業の保険会社と大差ありませんし、**ネット専業だからといってサポート体制が悪いとも言い切れません。**

保険商品は、長期間にわたって出費が発生します。もし年間で3万円の違いがあれば、結果的に大きな差となります。5年で15万円、10年で30万円です。決して無視できない金額です。

第2章

やってはいけない
お金の「増やし方」

12 お金の使い方

やってはいけない！
資産形成は、お金が100万円貯まってから

これで貯まる！
100円からでも資産形成をはじめてしまう

お金に困らない人は、投資によって資産を形成しています。

実際に、コロナ禍でも株価は上がっているため、資産をどんどん増やしています。

しかし、いまだに投資による資産形成について、マイナスの印象をもっている人が多くいます。


「投資で大損した人を知っている。投資は身を滅ぼす」

「投資はギャンブルと同じで運がすべて」

その気持ちはわかります。私も借金を抱えていた頃は、「投資なんてギャンブルだ。いかがわしい」と思っていた口です。

たしかに、お金や投資の知識がないまま投資をするのは危険です。無免許のまま車を運転するようなもの。

しかし、私が34歳のときに「お金のストレスフリー」の状態を手に入れることができたのは、貯金30万円をタネ銭として投資をはじめたおかげというのも事実です。

株や不動産など放っておいてもお金を生み出してくれる資産を所有するのは、お金持ちになるための近道なのです。実際、早期にお金のストレスフリーを実現している人の多くは資産を上手に運用し、不労収入を得ているのです。


お金持ちになれる人とそうでない人の最大の差は、行動力にあります。

お金持ちになれない人は、すべての条件が整ってからでないと行動できません。だから投資に興味があっても、「100万円が貯まったらはじめよう」などと行動にブレーキをかけてしまいます。

一方、お金持ちになれる人は、条件が整わなくても行動します。たとえタネ銭が1

万円しかなくても、1万円で買える金融商品に投資する。たとえ5000円しかなくても、1000円しかなくても投資をはじめます。

インターネットで気軽に投資ができるようになる前は、100万円以上ないと投資ができない時代もありましたが、いまでは最低100円から購入できる金融商品さえあります。

100円であれば、さすがに「投資にまわせる資金がない」という言い訳は通用しません。

最近ではカードのポイントを投資にまわすこともできます。楽天ポイントは楽天証券から、TポイントはSBI証券から、100円単位で投資信託を購入できます。カードにつくポイントの場合、現金ではないので、投資に対するハードルはぐっと下がるはずです。

ちなみに、投資信託とは、投資家から集めた資金をファンドマネジャーが投資・運用するもの。プロのファンドマネジャーが、あなたに代わって金融商品を売買してくれます。

「投資は怖い」という気持ちを払拭《ふっしょく》できない人は、手はじめにポイント投資からはじめてみるのも手でしょう。

少額から投資をはじめると、大きなメリットが得られます。

それは、「失敗を経験できる」ことです。

投資をはじめれば、どんな人でも失敗することになります。100回投資して、100回とも成功することなどあり得ないからです。何度も失敗を経験することによって、投資の知識やスキルは身についていきます。

100万円を一気に投資にまわせば、タイミング次第で数万円単位の大きな損を出すこともありますが、少額であれば失敗をしても、傷は浅くて済みます。多少の損を出しても「授業料」を払ったと割り切ることができるのです。

13 お金の使い方

やってはいけない！

投機をする

これで貯まる！

投資をする

近年は株価が上昇傾向にあるため、その値上がり益を狙って頻繁《ひんぱん》に株を売買をする人が増えています。短時間で取引をするデイトレードも一定の人気を得ています。しかし、これらは私の定義する「投資」ではありません。

短期間で売買するスタンスは「投機」と呼んでいます。

最近値動きの上下が激しいビットコインなどの暗号資産も、短期での値上がりを期待して取引しているのであれば、やはり投機といえます。投機はギャンブルと大差ありません。単純にいえば、安く買って高く売れるかどうかです。勝者と敗者がいるゲームで、数字の動きしか見ていません。

一方「投資」は長期間で売買するのが基本スタンスです。日々の数字の動きに惑わされません。投資する企業、もっといえば世界経済全体にお金を預けるイメージです。

投資に二の足を踏む人のなかには、「不景気になったら価格が下がって損をする」と心配する人もいます。

たしかに、今後、2008年のリーマン・ショックや2020年のコロナウイルスによる暴落のような局面がいつ起きてもおかしくはありません。

しかし、景気は循環するものです。景気がよい局面もあれば、悪い局面もある。長期のスパンで見れば、山あり谷ありを繰り返して、世界経済は拡大を続けてきました。

世界経済にも大きなインパクトをもつアメリカの株価「ダウ工業株30種平均（ダウ平均）」は、長期的には右肩上がりを続け、1985年は1200ドルほどでしたが、2021年5月現在、3万4000ドルに達しています。

私たちが生きている資本主義という社会は、経済も市場も右肩上がりになることが前提になっています。

「いまよりも豊かな生活をしたい」というのが万国共通の願い。その思いが資本主義社会の原動力となり、世界の経済成長を後押ししているのです。

アメリカのダウ平均株価推移

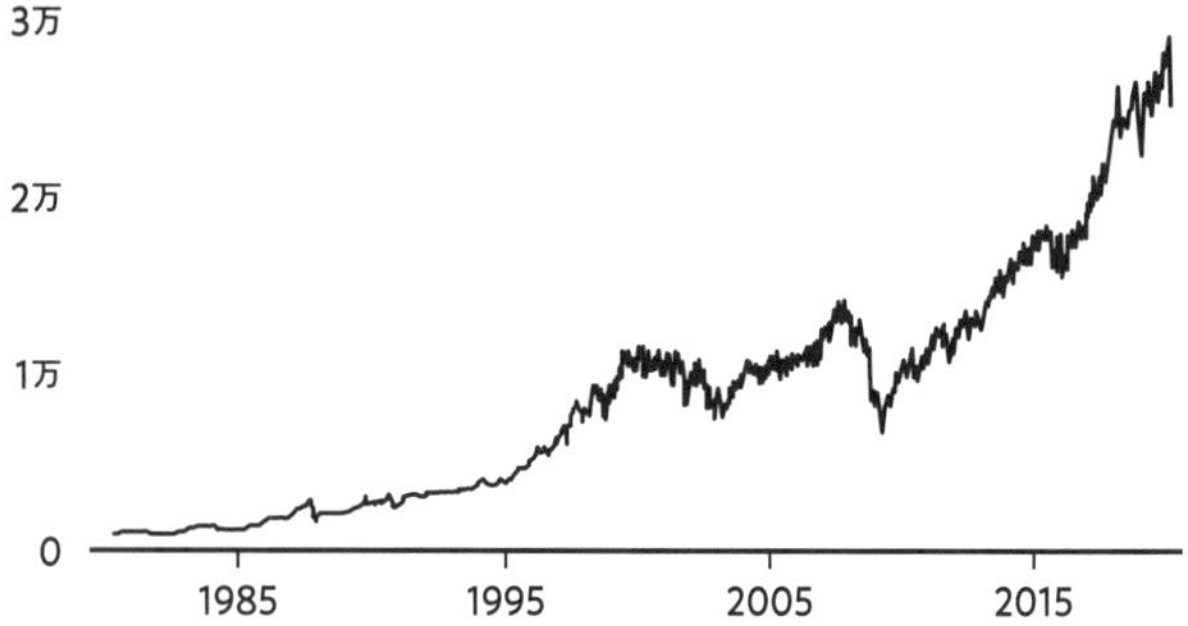

長期的に見れば、世界経済は一貫して成長を続けている

長い目で見れば、経済も市場も右肩上がりになる。その前提があるからこそ、長期投資は成り立ちます。長期間の「投資」は日本、そして世界全体の経済成長にベットすることといえます。

実際、私は10年以上、多くの企業で構成される投資信託を定期的に購入し、買い増してきましたが、年平均7％の利回りで資産が増えました。ざっくり言うと、10年で元手が2倍以上になったのです。

もちろん、リーマン・ショック後など利回りがマイナスになる年もありましたが、トータルでならすと、毎年7％もの高利回りのメリットを享受してきたことになります。

一般的に資産運用は期間が長ければ長いほど有利です。長期の投資には、運用の期間が長いほど「複利」の効果でリターンも大きくなるというメリットがあります。

「複利効果」とは元本によって生じた利息を次期の元本に組み入れることを言いますが、複利があるかどうかで、資産運用の結果は大きく変わってきます（最初の元本に対してのみ利息がつくことを「単利」といいます）。

たとえば、あなたが毎月5万円ずつ貯金をしたとします。期間が20年だとすれば金額は1200万円（5万円×12カ月×20年）。

このとき、積立投資によって年7％の利回りで運用したらどうなるでしょうか。

くわしい計算式は省略しますが、複利効果

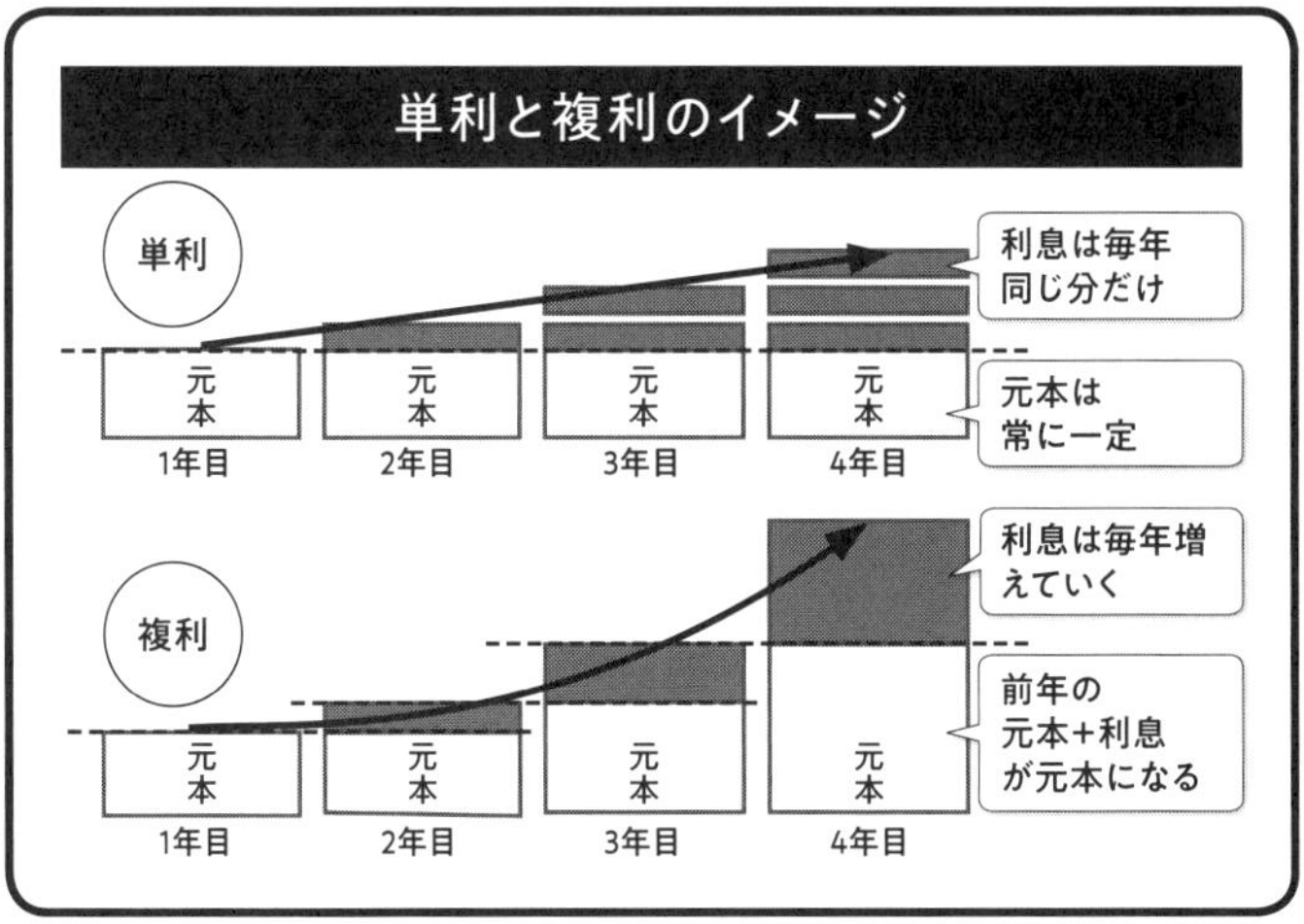

が働くと、20年後には約2600万円になります。

さらに、積立期間が30年だった場合は、どうでしょうか。

単純に貯金をすれば1800万円（5万円×12カ月×30年）です。ところが、積立投資によって年7％で30年運用すれば、約6000万円の資産額になります。

積み立てた金額は1200万円と1800万円とで600万円しか違わないのに、複利効果によって3400万円もの差が開いてしまうのです。

少額からでもいいので、できるだけ早く投資をはじめれば、複利のメリットを最大限に享受できるのです。

14 お金の使い方

やってはいけない!

さまざまな投資手法に次々と手を出し続ける

これで貯まる!

いい投資手法が見つかったら、まずはそれに全集中

投資で資産を築いた人で、株式投資も不動産投資もFX(外国為替証拠金取引)も……とオールマイティーにすべての分野で成功している人はまずいません。お金持ちになる人は、「この投資分野では負けない」という得意分野をもっているのです。

世界的に著名な投資家であり、世界長者番付の第1位に輝いたこともあるウォーレン・バフェット氏は、長期投資を基本スタイルとしています。決して短期間で利益を出すような投資はしません。

バフェット氏のような投資家がいる一方で、デイトレードをはじめとする短期売買だけで利益を出し続けている投資家もいます。

また、ひと口に不動産投資といっても、マンションの一室に投資する「区分所有」を得意とする投資家もいれば、マンションやアパート一棟まるごと投資するのを得意とする投資家もいます。「都心」や「地方」など得意な地域もそれぞれ異なります。

仕事に向き不向きがあるように、投資にも向き不向きがあります。お金持ちになる投資家は、自分の得意とするテリトリーのなかで勝負をします。

一方、お金持ちになれない投資家は、次々とあらわれる新しい金融商品や投資手法に飛びついて、自分のテリトリーが定まりません。

投資で成功したければ、まずは自分の得意とするテリトリーを見つけて徹底的に学ぶこと。そして、流行りものに安易に飛びつかないことが大切です。

私の場合、現在は長期の積立投資が中心です。その投資方法については、次項でくわしく説明しますが、そこにたどりつくまでには紆余曲折《うよきょくせつ》がありました。

投資をはじめたばかりの頃は、日本の個別株式や外国株式、外貨建ての金融商品、外国の不動産、FXなどさまざまな金融商品に手を出してきました。

投資法についても、1日に何度も売買するデイトレード、会社の決算データなどにもとづいて投資するファンダメンタル分析、株価の過去の値動きパターンから将来の値動きを予想するテクニカル分析など、短期間でいろいろと試してきました。

しかし、いずれも私には向いていませんでした。

たとえば、日本株の個別銘柄に投資していた時期がありましたが、株をもっている間、株価が気になってしかたがないのです。

新聞やネットニュースにその企業のニュースが出ていれば読みふけってしまいますし、株式市場が開いている昼間は、別の仕事をしているのに、携帯電話で値動きを追ってしまう。それこそ、1分ごとに株価をチェックするような勢いでした。そのような状態では、正常な判断できません。

個別株式だけでなく、外貨建ての金融商品やFXでも、冷静に判断できないという経験をしました。

とくにFXのようにレバレッジ（少ない資金で大きな取引をすること）を利かせて取引していると、為替が1円動くだけで激しく値が動きます。

自分が予想する方向と逆に値が動けば資金がゼロになってしまう可能性もありますから、為替の変動が気になってしかたがない。チャートの前に張りついて、ろくに寝られない夜もありました。まるで荒波に揺られて船酔いをしている気分です。そうなると、正常な判断などできません。何度も失敗しました。

私は、短期間のうちにこのような苦い経験を何度かして、大きな気づきを得ることとなりました。

「値動きが気になるような金融商品や投資法は向いていない」

そうして、私は「長期の積立投資」という現在のスタンスにたどりつきました。毎月一定額を積み立てて、長期間にわたって投資信託を購入するのが前提なので、短期で売買する必要はありません。月単位で資産状況をチェックすることはありますが、ほったらかしと言える状態です。

もちろん、長期の積立投資が万人にとって理想の投資法と言い切ることはできません。投資である以上、資産が減ることはありますし、積極的に売買しないというスタイルが性に合わないという人もいます。

どの金融商品や投資法が正解なのか。それは投資家が100人いれば100通りの正解があります。

最も大事なことは、自分に向いている金融商品や投資法を早めに見つけること。

私にとっての「長期の積立投資」のような存在を早く見つけることができれば、ストレスなく資産運用ができます。投資でお金を増やす人は、自分なりの勝ちパターンをもっています。それを見つけられるかどうかが、長期間にわたって勝ち続ける秘訣です。

そのためも、いろいろな金融商品を試してみるのもいいでしょう。昔は個別株を買うのに数十万円かかる時代もありました。現在は100円単位、1000円単位でさまざまな商品に投資できます。

最初は短期間でいろいろと試してみて、そのなかからいちばん相性のよいものをひとつに絞る。そして、決めたら腰を据えて長く続ける。これがお金持ちに共通している成功パターンなのです。

15 お金の使い方

やってはいけない！

個別株投資からはじめてみよう

これで貯まる！

まずは投資信託からはじめる

金融商品への投資というと、多くの人は真っ先に個別企業への株式投資を思い浮かべるのではないでしょうか。トヨタの株を買うこと、ソニーの株を買うことが投資だと思い込んでいる人もいるでしょう。

しかし、「投資＝株式」という認識は間違っています。

個別企業の株式を購入すると、株価の上下に一喜一憂《いっきいちゆう》しがちです。就業時間中も株価が気になって、目の前の仕事に集中できなくなることは絶対に避けなければなりません。それこそ、お金の奴隷になって、ストレスをためることになります。

個別企業の株式は、金融機関に勤めるプロの投資家も売買しています。彼らは専門家ですから、さまざまな情報から企業を分析し、利益を出すことを最優先に考えます。株式投資では、そのようなプロ投資家と同じ土俵で戦わなければなりません。情報量や分析力で劣る素人投資家は圧倒的に不利なのは当然です。

投資初心者におすすめしたいのは、ずばり「投資信託の積立投資」です。

投資信託とは、金融商品の一種で、その名の通り「投資するお金を信じて託す」という性格の商品です。つまり、自分で投資先を選ぶのではなく、プロの投資家に運用をお任せすることになります。

託す相手は、投資信託の運用会社に所属しているファンドマネジャーと呼ばれる投資の専門家です。さまざまな投資家から集めてきたお金をひとつの大きな資金にまとめ、それをファンドマネジャーが株式や債券などに投資します。そうして運用して得た利益を投資家に分配するのが投資信託の基本的なしくみです。

イメージとしては、いろいろな株や債券の入った「福袋」のようなものです。これらの福袋をすべてひっくるめて、「投資信託」と呼んでいるのです。

私の投資スタイルは、これらの投資信託を「積立投資」することです。**積立投資とは、金融商品を毎月一定の金額ずつ買い続けることを言います。**貯金を自動積み立てで貯めていくのと同じように、給与の一定割合を長期間にわたって毎月投資していくのです。

毎月少額ずつ積み立てていくのは、一見地味なのであまり人気はないのですが、確実に資産を増やしていくことができます。また、毎月安定して給与が入ってくる会社員にこそ、コツコツと資産を増やしていく積立投資は向いているのです。

もちろん、投資信託も投資した金融商品の影響を受けて価格が上下します。投資信託の値段のことを「基準価額」といって、毎日変動しています。短期的には値下がりすることもありますが、あまり気にする必要はありません。

なぜなら、**積立投資は長期投資を原則とする**からです。

先ほども述べたように、私たちが生きている資本主義という社会は、経済も市場も右肩上がりになることが前提になっています。だから、基準価額の上下に一喜一憂する必要はないのです。極端なことをいえば、買ったままほったらかしにしていてもかまわないのです。私は「投資信託の積立投資」で資産を増やし、お金のストレスフリーの状態を手に入れたのです。

私は講演会やセミナー、そしてお金にまつわる書籍を通じて、「投資信託の積立投資」に勝る投資法はないとお伝えしてきました。これは、私の最終結論です。

にもかかわらず「田口さん、ほかにおすすめの投資法はありませんか？」と聞いてくる人が少なくありません。「投資信託の積立投資」はほぼほったらかしの投資方法で、正直やることがないので、退屈なのかもしれません。新しい投資法を試さないと落ち着かないということもあるでしょう。

しかし、私の経験から言えることは、初心者が投資で資産を増やしたいのであれば「投資信託の積立投資」がベスト。「ほかに選択肢はない」と言ってても言いすぎではありません。

もちろん、さまざまな金融商品や投資法を試してみるのも悪くありませんが、確実に資産を増やすには、この方法がいちばんであることに気づくと思います。実際、多くの人がこの方法でお金のストレスフリーを実現しているのです。

16 お金の使い方

やってはいけない！

特定のジャンルに特化したファンドを選ぶ

これで貯まる！

バランス・インデックス型のファンドがベスト

では、具体的にどのような投資信託を選べばよいのでしょうか。

詳細な銘柄選定などの説明は『おカネは、貯金に頼らずに守りなさい。』（きずな出版）を参考にしていただくとして、ここでは1つだけポイントを挙げておきましょう。

それは、バランス型・インデックス型ファンドを選ぶこと。

安定した値上がりが望める投資信託を選ぶときのポイントは、いろいろな種類の金融商品が入っていることです。種類が多いほうが安定した運用が期待できるからです。

たとえば、日本株だけで運用する投資信託の場合、日本の株式市場の調子が悪いと、その運用成績も連動して悪くなります。中国株に特化した投資信託の場合も、中国市場の上下に大きく左右されることになります。そうなると、大きく儲かる可能性もありますが、反対に大きく損する可能性もあります。

一方、日本株式や外国株式、日本債券、外国債券などがバランスよく入っていたらどうでしょうか。**株式と債券の値動きは反比例するといわれるので、株式が落ち込んでも、債券でその損失をある程度カバーできます。また、日本の株式が不調でも、外国の株式が好調であれば、穴埋めすることが可能**です。

このように投資先が多岐にわたり安定した運用が見込める投資信託をバランス型ファンドといいます。

「ひとつのカゴに卵を盛るな」という投資の大原則があります。万一カゴを落としたら、卵はすべて割れてしまいます。しかし、いくつかのカゴに分散しておけば被害は最小限に抑えられます。

投資をするときもリスク分散が基本。投資信託なら、さまざまな業種の企業に投資する。国内市場だけでなく、海外市場に投資する投資信託も買う。

投資でお金を増やすには、「勝つ」ではなく、「負けない」ことが重要なのです。

一方、インデックスとは「指数」を意味します。指数とは、簡単にいえば、どれくらい増えたり減ったりしたかを比較するときの指標となる数字で、「日経平均株価」や「TOPIX（東証株価指数）」などもインデックスのひとつです。**インデックス型ファンドとは、そうした指数と同じ値動きをするようにつくられた投資信託です。**

たとえば、日経平均型インデックスファンドは、日経平均株価とほぼ同じ値動きをするように設計されています。日経平均株価が1年で10％値上がりすれば、その投資信託も10％資産が増えるというわけです。もちろん、日経平均株価が下がれば、同じだけ投資信託も資産が減ります。これらは、**指数に連動するようにつくられているので、ファンドマネジャーの力量はほぼ関係ありません。ということは、指数の通り安定したパフォーマンスを得られます。**

また、インデックスファンドは購入手数料が無料のものがほとんど。安定したパフォーマンスを出したければ、バランス型・インデックス型の投資信託を選ぶことが重要なのです。

17 お金の使い方

やってはいけない！ 1億円貯まったら安泰だ

これで貯まる！ 1億円をさらに増やそう

お金のストレスフリーを実現するには、大きく分けて2つのステップがあります。**ひとつは先ほど述べた積立投資によってコツコツと資産の額を大きくしていく「資産形成期」。もうひとつは、積み立てで大きくなった資産を活用して、さらにお金を増やしていく「資産運用期」です。**

たとえれば、「資産形成期」は小さなヒヨコをにわとりに育てる段階。「資産運用期」は成長したにわとりにタマゴを産ませる段階です。

「資産形成期」では、毎月の収入の一定額を、投資信託を使って積み立てていきます。

これから資産を築こうという人は、まずヒヨコをにわとりに育てることからはじめてください。

ただし、ヒヨコを育ててにわとりにするだけでは、鶏肉としておいしくいただくことはできても、肉を食べきってしまったら何も残りません。

長期間にわたり、にわとりにタマゴを産ませることができれば、毎日のようにおいしいタマゴ料理で胃袋を満たすことができます。さらには、順次、複数のにわとりを育ててタマゴを産ませれば、もっと豊かな食生活を送ることができるのです。

このように、にわとりにタマゴを産ませることができて、初めて「お金のストレスフリー」を実現できます。つまり、**積み立てた資産を別の投資先に移して、さらに運用益を得ること**が目標なのです。

「資産形成だけで十分。それ以上リスクはとりたくない」という人もいるかもしれません。しかし、資産形成でいくらお金を増やすことができても、お金の不安から逃れることはできません。

誰もが自分の資産が減っていくのは気持ちのいいものではありません。たとえば、転職で新しい仕事を探している最中、貯金が減っていけば「このままではマズい」と危機感に襲われます。定年後、貯金を取り崩して生活しているお年寄りも、同じような不安を抱いているのは想像にかたくありません。

じつはこのような感覚からは、1億円の資産をもっていても逃れることができません。コツコツと資産形成をしてきても、大きな買い物や病気、子どもの教育資金などで資産が目減りしていけば、心中穏やかではいられません。

仮に、定年時に1億円の老後資産があったとします。年金はもらえるとしても、いまの現役世代に支給される年金額はだいぶ少なくなっていることが予想されます。必然的に貯金を取り崩して生活することになるでしょう。

日に日に目減りしていく資産額……。これを目の当たりにすると、無性に不安に襲われると言います。人生100年時代ですから、これから何年生きるかわかりません。

「これだけあれば絶対大丈夫」という額はないのです。

お金の心配があると満足にお金も使えませんし、使えば使ったで、罪悪感を覚えます。残りの人生をお金の不安におびえながら生きることになるのです。

極端なことをいえば、1億円もっていても、1円でも減ればストレスや不安を感じます。それが人間の性《さが》だとすれば、「1億円もっているから安泰」とはいかないのです。

こうしたお金の不安から逃れるための最善の道が、にわとりにタマゴを産ませる「資産運用」です。

資産運用をしていると、定期的に収入が生まれます。

たとえば、1億円の資産を年7％の利回りで運用できたとしましょう。

1億円の7％ですから年700万円の収入です。もちろん、これは不労所得です。

利回り5％でも500万円です。500万円の収入があれば仕事をしていなくても世間の平均以上の生活レベルは十分に維持できるでしょう。

まさに、これがお金のストレスフリーの状態です。40代、50代で仕事をリタイアして趣味やライフワーク、家族を中心に据《す》えた生活をすることも夢物語ではありません。

実際、私自身も「資産形成→資産運用」のステップを踏んで、お金のストレスフリーを手に入れ、好きな仕事をしています。

「お金のストレスフリー」を実現する2つのステップ

資産形成期
||
積立によって資産を
増やしていく段階

資産運用期
||
積立によって増やした資産を
運用してさらに増やす段階

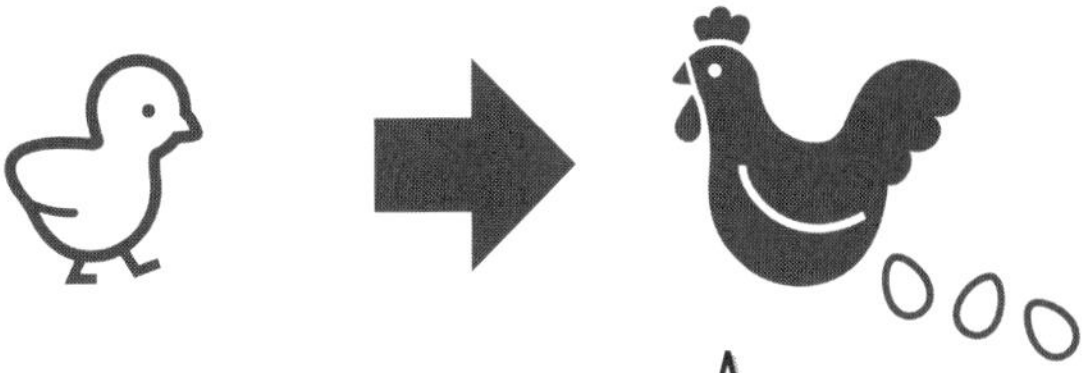

**資産運用をして
増やさないと、
減っていくストレスを
抱えてしまう…**

**「資産形成→資産運用」のステップで、
お金のストレスフリーの生活を送ろう!**

18 お金の使い方

やってはいけない！ 一括投資をする

これで貯まる！ 分散投資をする

もし手元にある貯金100万円を投資信託の購入にまわすとしたら、どのようなタイミングで購入するのが正解でしょうか。

一気に購入する？　せっかく手元に資金があるわけですから、早く投資したくなる気持ちはわかります。しかし、一括投資はリスクをともないます。

たとえば投資信託を購入した直後に、株価が急落し、投資信託も大きく値を下げたとします。100万円で購入した投資信託が90万円に値下がりすれば、最初から大きなダメージを受けることになります。

もちろん、逆に投資信託が大きく値上がりして、110万円になるケースもありますが、投資は長期にわたって儲けるのが基本です。一時的な値上がりを期待するものではありません。

私たちがめざすのは「投機」ではなく、「投資」ですから、できればこうした価格の上下に振り回されたくない……というのが本音だと思います。

じつは、そんな人に適した投資法があります。

私がおすすめしている積立投資では、投資信託を一度にまとめて購入せず、「毎月1万円ずつ」など資金を分割して均等額ずつ投資します。このような定額購入法のことを「ドルコスト平均法」といいます。

投資信託の価格に関係なく毎月一定額を購入するということは、金融商品の価格が安いときは多く、価格が高いときには少なく買いつけるため、結果的に平均購入単価を抑えることができます。

105ページの図を見てください。たとえば、毎月1万円ずつ5か月間投資した人と、最初の月に一括で5万円を投資した人がいるとします。投資をはじめた最初の月は価格が1万円でしたが、以後価格は上下し、5か月目には9000円まで下がったとします。

ふつうに考えれば基準価額1万円の投資信託が9000円に下がったのですから、毎月定額を購入した人も、最初に一括で購入した人も、どちらも同じだけ損をしているように感じるかもしれません。

しかし、実際は、一括購入した人が取得した口数の合計が5か月後に5万口であるのに対し、毎月定額を購入した人は5万1037口で、1037口多く購入できています。つまり、同じ5万円の投資額でありながら、ドルコスト平均法で購入した人は、平均購入単価が一括購入の人よりも小さくなります。

なぜ、こういうことが起きるかというと、金融商品の価格が安いときは多く、価格が高いときには少なく買いつけるため、その商品全体の購入額が下がったのです。

ドルコスト平均法を前提に積立投資をはじめれば、「いまは価格が高いから、もっと安くなってから買おう」などと躊躇する必要はありません。

もし100万円が手元にあるなら、一気に100万円の投資信託を購入するのではなく、たとえば10万円ずつ10か月にわたって購入する。そうすればドルコスト平均法のメリットを享受できるのです。

ドルコスト平均法とは何か?

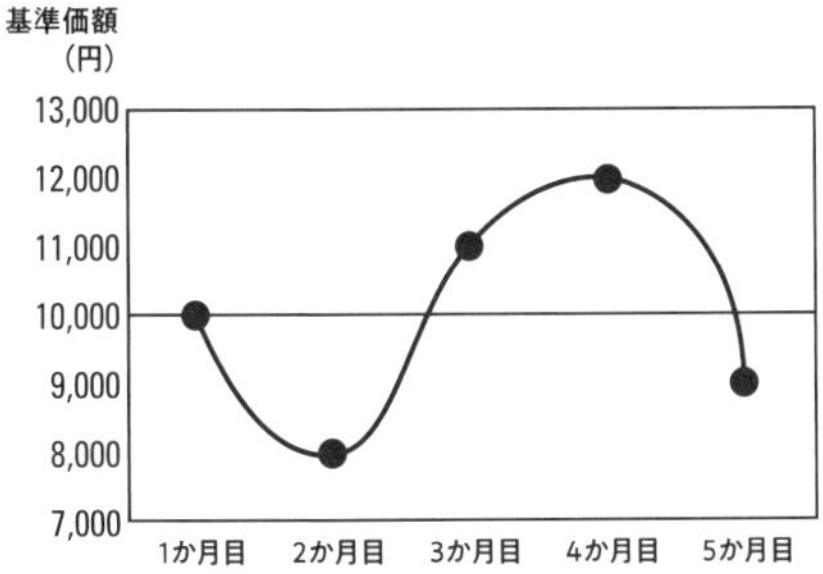

基準価額		1か月	2か月	3か月	4か月	5か月	合計	1万口あたりの平均購入単価
		10,000円	8,000円	11,000円	12,000円	9,000円		
ドルコスト平均法（毎月1万円ずつ）	金額	10,000円	10,000円	10,000円	10,000円	10,000円	50,000円	9,797円
	口数	10,000口	12,500口	9,091口	8,334口	11,112口	51,037口	
一括購入	金額	50,000円				50,000円	50,000円	10,000円
	口数	50,000口				50,000口	50,000口	

ドルコスト平均法を用いれば、

1037口多く購入できる!

19 お金の使い方

やってはいけない！

不動産投資は、自分で物件を購入する

これで貯まる！

不動産投資は、リート（REIT）を活用する

「不動産投資をはじめてみようと思うのですが、どう思いますか？」

投資の初心者から、こんな相談をされることがよくあります。

アパートやマンション、テナントビルなどの不動産をローンで購入して人に貸す「不動産投資」は、軌道に乗れば毎月安定した収入が期待できるのが大きな魅力。そのため、不動産投資に興味をもつ人は少なくありません。

もちろん、月々の家賃収入がローン返済額を上回るように設定すれば、毎月安定した収入を得ることができます。ローンを完済すれば、家賃がまるまる収入になるのも魅力的です。

実際、不動産投資で不労所得を得ている投資家は、「手持ちの資金が少なくても銀行で借り入れをしてレバレッジを利かすことができるのが最大の魅力」といいます。レバレッジを利かせられるメリットは理解していますが、それでもなお、冒頭のような相談をされたとき、私は自分で不動産を運用することをおすすめしません。

なぜなら、不動産投資で儲け続けようと思えば、専門家並みの知識が必要になるからです。

不動産のプロでもいい物件を見極めるのはむずかしい。素人同然の投資家が彼らと同じ土俵で勝負するのは無謀といわざるをえません。

多額の資金も必要です。ローンで資金を借りられたとしても、多額の資金を運用するリスクは小さくありません。

また、空室や家賃下落、建物の老朽化《ろうきゅうか》といったリスクもありますし、変動金利でローンを組んでいれば、金利が上昇するリスクもぬぐいきれません。地震などの災害によって不動産としての価値が大きく下がることも想定しておく必要もあります。

また、物件の調査や不動産会社とのやりとりなど、時間や手間もかかり、ほかに仕事をもっている人にとっては、けっこうな負担になります。

このように**不動産投資は、デメリットも少なくありません。**本気で不動産投資をはじめるなら、それなりの覚悟が必要になるのです。

イチから不動産投資をはじめるなら、まずはリート（REIT）を購入することを検討してみましょう。

リートとは、投資信託の不動産版で、投資家から集めた資金をファンドマネジャーが不動産に投資・運用。投資家には、そこから得られる賃料や売却益が分配されるしくみです。なお、証券取引所に上場されているものを「J－REIT」（Jリート）と言い、証券会社を通じて気軽に売買できます。そもそもリートとは、「Real Estate Investment Trust」の略で、アメリカで生まれた投資のしくみです。日本では頭にJAPANの「J」をつけて「J－REIT」と呼んでいます。

「Jリート」のメリットとしては、換金性が高いことが挙げられます。

Jリートは証券取引所に上場されているため、購入や売却の注文がいつでも可能です。また、日々変動する価格をリアルタイムで知ることもできます。

したがって、万一、まとまったお金が必要になったときでも、Jリートを売却して現金化することができますし、Jリートの価格が予想外に下がってしまったときは損切りすることも可能です。現物の不動産では、こうはいきません。

もうひとつのメリットは、複数の不動産へ分散投資できることです。

Jリートの「袋」のなかには、さまざまな種類の不動産が含まれています。Jリートで投資している物件は、マンションやアパートだけでなく、巨大商業ビルや倉庫、海外の不動産などさまざまで、潤沢な資金がなければ投資できないような不動産に間接的に分散投資できるのが魅力です。当然、分散させるほど、リスクを軽減することができます。

Jリートの場合、数千~数万円から購入できる銘柄があります。少額でたくさんの物件に投資できるのも魅力といえます。

先ほど、お金のストレスフリーを実現する投資には、積立投資によって資産の額を大きくしていく「資産形成期」と、積み立てで大きくなった資産を活用して、さらにお金を増やしていく「資産運用期」の2つの段階があるとお伝えしました。

「資産形成期」ではバランス型・インデックス型の投資信託の積立によってヒヨコを大きくしていくことをおすすめしましたが、次のステップである「資産運用期」では、にわとりにタマゴを産んでもらう必要があります。その運用手段として最も適した投資先が、Jリートなのです。

具体的には毎月積み立てていた投資信託を、Jリートに移し替えることになります。**Jリートの最大の魅力は高利回りです。投資の世界では、一般的に利回り3%を超える商品が「高配当銘柄」といわれますが、Jリートには利回り3%を超える商品がたくさん存在します。なかには、利回りが5~8%のJリートも存在します。**

ただし、リスクもあります。

コロナ禍によってホテルを中心に構成されているJリートは大きく値下がりしました。さまざまなリスクに備えるためにも、オフィスや商業施設、住居、倉庫など複数のカテゴリーのJリートに分散投資することが大切です。

ちなみにJリートのオススメ銘柄や具体的な投資法などについては、前著『おカネは、貯金に頼らずに守りなさい。』（きずな出版）で詳述しています。

20 お金の使い方

やってはいけない！

株を買うタイミングは、株価が上昇中だ

これで貯まる！

株を買うタイミングは、株価が大暴落しているときだ

前項で、積み立てによって大きくなった資産を活用して、さらにお金を増やしていく「資産運用期」には、Ｊリートが第一の選択肢になるとお伝えしました。

投資初心者の方には、Ｊリートを中心に購入することをおすすめしていますが、リスク分散の意味でも、資産運用期では個別株の購入も選択肢に入れていいでしょう。

私自身も資産の一部を個別株にまわしています。

このように**資産運用期に、メインのＪリートにプラスして、他の金融商品を組み合わせる**ことを「ハイブリッド投資」と呼んでいます。

では、個別株はどんなタイミングで購入するのがベストなのでしょうか。

安く買って高く売る——。これが投資で稼ぐための大原則であることは、多くの人が知っているでしょう。

ところが頭ではわかっていても、実際にその通りに行動を起こすのはむずかしい。

たとえば、2008年に発生したリーマン・ショックを思い出してください。

アメリカの投資銀行であるリーマン・ブラザーズの破綻に端《たん》を発《はっ》して、世界各国の株価が大暴落。日経平均も6000円台まで落ち込むなど、多くの投資家が甚大なダメージを受けました。

このとき、多くの人は「安く買って高く売る」という大原則を実行に移せませんでした。投資のセオリーからいえば、株価が大暴落しているときこそ、絶好の買い時であったにもかかわらず……。

「株価は底なし沼のようにもっと下がってしまうかもしれない」

そんな不安から、動けずにいたのです。

しかし、いまになって振り返ってみればあきらかですが、リーマン・ショックの株価大暴落時に株を買っていれば、いまごろ多くの利益を得られていたはずです。

もしその結末を知っていたら、誰もが暴落時にたんまりと投資していたでしょう。ピンチは最大のチャンス。**株価が暴落してわれ先に「売り」に走っているときこそ、お買得の株を「買う」絶好のタイミング**なのです。

お金が増える人は、株価が暴落しているときこそ、投資のタイミングととらえます。お金があるとき、買いたい株があるときが購入のタイミングではないのです。

たとえば、「ある企業の業績が黒字予想から赤字予想になった」「ある企業が不祥《ふしょう》事《じ》を起こした」といったバッドニュースが報道されると、大きく株価は下がります。そこで、お金持ちになれる人は、倒産するほどの業績不振や不祥事でなければ株価は必ずもち直すと判断し、積極的に投資するのです。

実際、社会から叩かれるような不祥事や道徳違反でも、事業内容に直接関係がなければ、いずれもち直す可能性が高いのです。

ふだんはJリートを中心に資産を運用し、そのうえで「いまは暴落しているが、いずれもち直しそうな個別株」に投資する。こうすれば、さらなる高利回りを狙うことができます。

最後に、個別株を購入する際の注意点をひとつ。

それは、余裕資金をまわすことです。

いまは一時的に株価が下がっているだけと判断したとしても、現実には半値まで下がることもあれば、さらに3割ほどまで下げ続けることもあります。大儲けしてやろうと山っ気を出し、大金を突っ込むと痛い目に遭います。

資産運用期といえども、ポートフォリオのメインはJリートなどの投資信託が適しています。**個別株などへの投資は、あくまで全体の投資額の一部にとどめておきましょう。**

21 お金の使い方

やってはいけない！ 外貨建ての運用は、銀行で外貨預金をする

これで貯まる！ 外貨建ての運用は、証券会社で外貨建てMMF

ポピュラーな金融商品として、外貨への投資があります。外貨も資産運用期のハイブリッド投資の選択肢のひとつとして購入を検討してもいいでしょう。

外貨で儲けるには2つの方法があります。**ひとつは金利差益です。外国の通貨のほうが金利が高い場合、その金利差で儲けることができます。**

たとえば、米国ドルを購入した場合。米国ドルの金利が1・5％だとしましょう。日本はゼロ金利政策（0％）が続いているため、米国ドルを購入することで、その金利差を利益として得ることができます。

もうひとつは、為替差益《かわせさえき》。これは外貨の値動きで稼ぐ方法です。

たとえば、1米ドル＝110円のとき、円を売って米国ドルを購入したとします。その後、115円のドル高円安となったときに円を買い戻せば、5円分の為替差益を得ることができます。

外貨建て運用でポピュラーなのは、銀行の外貨預金です。しかし、お金が貯まる人は、外貨預金には手を出しません。同じ外貨に投資するなら、外貨建てMMFを選択するからです。

外貨建てMMFとは、米ドルやユーロなど外貨建ての格付けの高い国債などの短期証券を中心に運用される投資信託の一種。ちなみに、MMFはMoney Market Fundの略称です。米ドル建てやユーロ建てなど、各国通貨のMMFが存在します。

では、外貨建てMMFのメリットは何でしょうか。

外貨預金も外貨建てMMFも金利差と為替差益で儲けるのは同じですが、外貨建てMMFは比較的金利の高い海外の金融資産に投資するため、比較的、高利回り商品と

いえます。

また、取引をする際のコストが大きく異なります。

外貨取引をするときには、金融機関に支払う手数料がかかります。たとえば円から米ドルへ、あるいは米ドルから円に戻すときにも一定のコストを負担する必要があるのです。

その手数料は、外貨建てMMFのほうが圧倒的に安い。たとえば、楽天証券の米ドル建てMMFの購入手数料は1米ドルにつき25銭、三菱UFJ銀行の外貨預金に預け入れるときの手数料は1米ドルにつき2円です。コストは金融機関や商品によってそれぞれ異なりますが、10倍差がつくケースもあります。

つまり、外貨建てMMFのほうが、コストが安く済むのです。

手数料は必ず支払わなければならないコストです。それなら安く済むほうを選択するほうが賢明です。

同じ価値の商品を購入するのであれば、コスパのよいほうを選ぶ。これがお金が貯まる人の考え方です。

22 お金の使い方

やってはいけない！

収入を増やすために、残業して稼ぐ

これで貯まる！

定時で帰って副業をする

「お金持ちになりたいから、残業をがんばって出世をめざす」

もし、このような考えをもっているとしたら、すぐに考え方をあらためてください。

私はこれまで、お金持ちをたくさん見てきましたが、「会社員としてがむしゃらに働き、出世、昇給してきた」という経歴をもつお金持ちには、あまり会ったことがありません。ほんのひと握りです。

もちろん、会社の仕事で成果を出せば、ポジションも給料も上がるでしょう。しかし、会社員でいるかぎり、給与額は天井《てんじょう》が決められています。平均年収が４００万円程度の時代ですから、急激に収入を増やすのはむずかしいでしょう。大企業の役員にでもならなければ、高額な報酬は得られません。

会社で稼げる金には限界があります。 起業家のように青天井に収入が増える可能性は低いのです。

出世をめざせば、それなりにいい暮らしはできるかもしれませんが、どんなに残業をして昇給しても、お金に不安を感じない「お金のストレスフリー」を実現する可能性はきわめて低いのです。

お金が増えるのは、会社の給料以外の収入が複数ある人です。

会社員からお金持ちになるには、社内でがんばって収入を増やすより、収入の〝流れ〟を増やすことが重要なのです。

では、どのようにして収入の流れを新たに生み出すか。

具体的には副業です。

最近では副業を認める会社も増えているので、すでに取り組んでいる人、あるいは挑戦してみようと考えている人もいるかもしれません。

ただ、現実的には副業に取り組んで成功する人と、うまくいかない人がいます。

その差を分けるものは何か？

答えは簡単です。

副業に取り組む時間を確保できたかどうか、です。

上司に気に入られようと残業を続けていたら副業をする時間は生み出すことはできません。会社の仕事は効率的に終わらせて、家に帰ったあとの時間や休日を使って副業にせっせと取り組むことが大切なのです。

たとえば、趣味で続けているイラストを販売することを考えているなら、イラストを描く時間を確保する必要があります。

得意なジャンルを活かして講師業をはじめようと考えているなら、専門的な知識の勉強や資料の作成などにあてる時間が必要になります。

本気でお金を稼ごうと思えば、いくらでもやるべきことは出てきます。

これまで通りの時間の使い方をしていたら、副業の準備や作業にあてる時間を確保することはできません。

残業が多い職場なら、まず残業を減らす手立てを考える必要があります。このご時世ですから、残業を減らすことに反対する経営陣はあまりいないでしょう。仕事の効率化を進めて、ムダな残業を極力減らすようにしましょう。上司や同僚にお付き合いで残業するなどもってのほかです。

家での過ごし方も変える必要があります。

たとえば、朝、1時間早起きして出勤前の時間を副業の準備にあてたり、就寝前の1時間を有効に使うといったマイルールを課したりする。あるいは、休日の午前中は必ず副業の準備にあてるといった決意も必要になります。

副業のための時間を1日のスケジュールに組み込まなければ、「いつかできたらいいな」と思ったまま前進しません。

もし好きなことをベースにした副業であれば、他のことをやめて副業の準備のために時間を捻出《ねんしゅつ》することは、それほど苦ではないでしょう。

23 お金の使い方

やってはいけない！

雇われ仕事で疲弊《ひへい》する

これで貯まる！

小さくても自分が「オーナー」になる

収入を増やすためには、会社の仕事以外に副業をもつことが有効です。

ただ、ここで言う副業とは、飲食店や工事現場、清掃員のアルバイトのように自分の時間を切り売りする「雇われ仕事」ではありません。プライベートを犠牲にして時間を捻出することになるので、収入は増えても幸福度は落ち、疲弊していきます。

お金持ちになれる人は、自分がオーナーになれる仕事を副業にします。

それは、インターネットビジネスかもしれませんし、不動産投資かもしれません。あるいは何らかの創作活動かもしれません。自分が得意なことややりたいことを副業としてはじめてみるのです。

本業の仕事以外に時間をとるのは、体力的にも精神的にも負担がかかります。しかし、好きなことや得意なことであれば、少々負荷がかかっても、楽しみながら取り組むことができます。

まずは好きなこと、得意なことを副業にすることを検討してみましょう。

どんな副業をしたらいいかわからない人は、インターネットを活用するといいでしょう。最近はさまざまなサービスが誕生しているので、気軽にスタートできます。

たとえば、「ココナラ」という知識・スキル・経験など得意なことをサービスとして出品・購入できるスキルマーケットが人気を集めています。

イラスト、デザイン、ビジネスサポート、マーケティングなど自分が仕事で培ったスキルを活かして、お金を稼ぐことが可能です。最近では占いやカウンセリングなどのカテゴリーも人気ですから、そうした趣味を活かしてもいいでしょう。

また、教える系に強い「ストアカ」というサイトは、趣味やビジネススキルの講座・レッスンを対面やオンラインで提供できるスキルマーケットです。

あなたの専門分野や好きなことから学びたいという人とマッチングして、お金を得ることができます。

ココナラやストアカなどのサイトを見ていると、「こんなこともお金に換えられるのか！」という発見があります。まずはどんなカテゴリーがあるか覗《のぞ》いてみてください。

もっと気軽にはじめたいという人は、「メルカリ」などのフリーマーケットアプリを活用するのもおすすめです。副業とは少し毛色が異なりますが、お金を稼ぐことを経験することで、副業へのハードルが低くなります。

最初は、たいした収入を生まないかもしれません。たった数千円、数万円程度の細々とした収入源であっても、自らの努力と工夫で細い川を少しずつ太くし、収入の額を増やしていく。そうした収入の流れをいくつかつくり、あきらめずに太い川に育てていくことによって、そこからもたらされる収入が、会社員としての本業の収入を超える日がやってきます。そうなったら、初めて独立起業を考えるのです。

お金持ちの多くは、こうしたプロセスを経て大きな資産を築いています。まさに、お金持ちになる黄金ルートです。いきなり会社を辞めて独立し、一攫千金《いっかくせんきん》を実現するタイプは、ごく少数派なのです。

第3章

やってはいけない
お金と「習慣」

24 お金の使い方

やってはいけない！

銀行のATMでお金をおろす

これで貯まる！

コンビニのATMでお金をおろす

銀行のＡＴＭの前を通ると、行列をよく見かけます。とくに平日の午前中やランチタイム、夕方などはお金を引き出す人、振り込みをする人が列をなしています。コロナ禍になって三密のリスクが叫ばれるようになってからも、この傾向はあまり変わっていないようです。

当たり前ですが、行列に並んでも、お金が増えるわけではありません。時間がもったいないですし、待っているだけでもストレスになります。前に並んでいた人が振り込みなどで手こずっていたら「まだか、まだか」とイライラしそうです。なぜそんな思いをしてまで並ぶのか……。私から見れば、宝くじ売り場に行列をつくって並ぶのと同じくらい不思議な光景です。

「タイム・イズ・マネー」という言葉があるように、お金持ちになる人は、自分の「時間」をいかに有効に使うかを意識しています。

何の価値も生み出さない行列に並ぶ時間は「もったいない」のひと言に尽きます。だから、お金持ちになる人は、断然コンビニ派。**コンビニのATMと提携している銀行の口座をもっている**のです。コンビニに設置されているATMは、いつ行っても並んでいることはほとんどありません。

そもそもお金が貯まる人は、先に述べた通り、すでにキャッシュレス決済を積極的に利用しています。ATMを利用する機会そのものがますます少なくなっています。

お金持ちが銀行口座をつくるとき、重視するポイントがもうひとつあります。預金を引き出すときや振り込む際にかかる「手数料」です。

自分が口座をもっている銀行のATMであれば、手数料が無料になる時間帯がありますが、ほかの人もその時間帯を狙って来店するので、行列に並ばなければいけません。しかも、一般的に他行のATMから現金を引き出す際の手数料は110〜330

円程度。夜間や土日に手数料がかかることもあります。
現在のような超低金利時代では、すずめの涙ほどの利息は1回の手数料で吹き飛んでしまいます。1回数百円であっても手数料を払い続ければ大きな金額になります。「塵も積もれば山となる」とは、このことです。

仮に1か月に3回、110円の引き出し手数料を払い続けるとしたら、10年で約4万円、30年で約12万円、50年で20万円にものぼります。長いスパンで見れば、「もったいない」のひと言に尽きます。

だから、お金持ちになる人は、できるだけ手数料がかからない口座を選びます。

おすすめは、私も利用している「新生銀行」。新生銀行は、店舗そのものは少ないですが、セブン銀行と提携していて全国のセブン－イレブンで利用可能です。さらにファミリーマートやローソンのATMとも提携しています。24時間いつでも並ぶことなく引き出せるのも便利ですが、それ以上にありがたいサービスがあります。

提携コンビニでの手数料は「無料」（ゴールドステージ・プラチナステージ）になるのです。コンビニは自宅の近くにありますし、全国各地にも店舗があるので、ほぼ

100％、私は手数料無料でお金を引き出しています。

さらに新生銀行のネット振り込みは、条件や回数制限はありますが、「振込手数料」がキャッシュバックされ、実質無料で振り込みができます。

新生銀行の回し者と思われそうですが、個人的にはいちばんのおすすめです。それほどに使い勝手がよいのです。

「会社から給料の振込銀行が指定されている」という場合でも、新生銀行の口座をあわせて開設することを検討してみましょう。給料が振り込まれたら、少し手間ですがネットバンキング経由で新生銀行に移し替えて、普段使いするのです。

手数料が無料になるうえに、行列に並ばなくて済むのであれば、その手間をかけるだけの価値はあると思います。

「自宅や会社から近くて便利だから」といった理由で現在の銀行口座を利用していないでしょうか。お金持ちになりたければ、戦略的に銀行を選びましょう。

25 お金の使い方

やってはいけない！

家計管理は、アナログ手帳（家計簿）

これで貯まる！

家計管理は、スマホの「メモ」機能

お金を増やすために重要なのは、支出を管理することです。

もし支出が収入を上回っているなら大問題。何にお金を使っているのかを分析し、お金の使い方をあらためなければなりません。

自分が使っているお金の流れを把握する方法はシンプルです。毎日、財布のなかにあるレシートを取り出して、いくら使ったかを記録していくのです。

拙著『お金の不安が消えるノート』（フォレスト出版）をはじめ、これまでの著書で繰り返し、その手法を説明してきました。

私はこの支出の記録を「お金のノート」と呼んできました。「お金のノート」といっても特別なものではなく、100円ショップなどで売っているノートや手帳を使って、日々の支出を管理します。

しかし、いまはアナログのノートではなく、スマホのメモアプリを活用することを推奨《すいしょう》しています。名づけて「令和版お金のノート」。

理由のひとつは、スマホは肌身離さず持ち運ぶため、いつでもどこでも記録ができるから。

ひとつのことを長く続けるうえでの大きな障壁は、「面倒くさい」「手間がかかる」です。いかに簡単にできる環境をつくるかが重要です。アナログのノートもだいぶハードルを下げたつもりですが、手軽さという点ではスマホには劣ります。ノートはいちいち持ち運ばなければなりませんし、ペンを取り出す必要もあります。

一方、スマホは外出先でも操作できますし、アイコンをタッチするだけでメモアプリが立ち上がります。

メモアプリをおすすめすると、「メモではなくて、世の中には便利な家計簿アプリがある」と指摘する人がいるかもしれません。

たしかに、最近の家計簿アプリは機能がすぐれていて、継続しやすいような工夫もされています。銀行口座やクレジットカードと連携して入出金項目を自動入力できたり、レシートを写真に撮るだけで入力が完了したりするアプリもあります。

デジタルネイティブであるZ世代の人は、なんなく使いこなすことができるかもしれません。支出を管理するのが目的なので、苦もなく使い続けられるなら、こうしたアプリを利用するのもいいでしょう。

しかし、30代以上の世代になると、そううまくいかないのが現実のようです。

私と同世代の人が家計簿アプリをダウンロードしてみたものの、カードとの連携がうまくできなかったりして挫折《ざせつ》する人があとを絶ちません。

私も試してみましたが、もともとデジタルに少し疎いこともあって、使いこなせませんでした。便利すぎるがゆえに使いこなせない。悲しいことに、これも現実です。

というわけで、現時点ではシンプルなスマホの「メモ」機能のアプリがベストのツールだと考えています。

メモアプリに記録する内容は、アナログの「お金のノート」といっしょです。**まず日付を入力し、その下にその日に買った品物と金額を記録していきます。そして、最後に1日に使った合計金額も計算します。これを毎日、続けるだけです。**

家計簿のように「食費」「通信費」「水道光熱費」「雑費」といった面倒な仕訳《しわけ》はしなくてもOK。家計簿だと、スーパーで「総菜」と「マスク」を買ったときは、それぞれ「食費」と「日用品費」に仕訳をして、記入する必要があります。

しかし、お金のノートでは、「コンビニ520円」といったアバウトな書き方でも問題ありません。下一ケタは四捨五入しても問題ありません。

ポイントは、1日にどれくらいのお金を使っているか把握することです。だから、ざっくりでかまいません。

こうして1か月間、「お金のノート」を記録していくと、1か月のおおよその支出額を把握できます。

このとき、給料を超える支出をしていることに気づくかもしれません。「これではお金が貯まるはずがない」と危機感が生まれるでしょう。

そして3か月ほど続けると、支出の平均値を弾き出せるだけでなく、自分の消費行動を把握できます。

どこで、何に、どれだけのお金を使っているか、そして、いかにムダな出費をしていたのかが一目瞭然となります。

たとえば、深夜の時間にネットショッピングでの出費が多いということがわかれば、寝る前はスマホをいじらない、酒に酔った状態でショッピングサイトを見ない、といったルールをつくることもできます。

まずはスマホのメモアプリに、今日1日の出費を書き出すことからはじめてみましょう。出費を減らし、お金を増やすためのヒントが見つかるはずです。

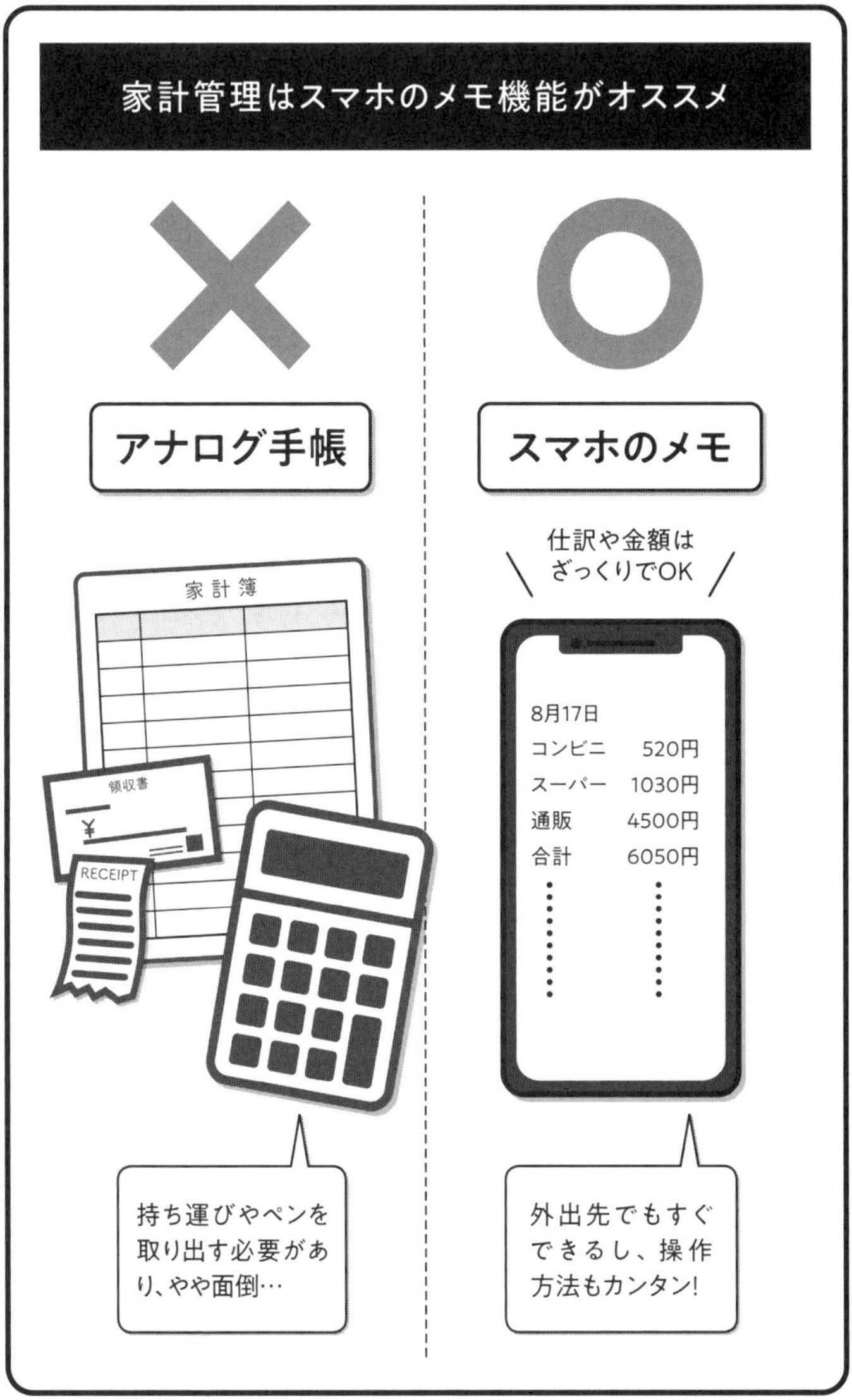
家計管理はスマホのメモ機能がオススメ
×
アナログ手帳
家計簿
領収書
¥
RECEIPT
持ち運びやペンを取り出す必要があり、やや面倒…
○
スマホのメモ
仕訳や金額はざっくりでOK
8月17日
コンビニ 520円
スーパー 1030円
通販 4500円
合計 6050円
外出先でもすぐできるし、操作方法もカンタン!

お金の使い方 26

やってはいけない！

情報を収集する

これで貯まる！

情報を発信する

最近は新聞を購読せずに、ネットで情報収集をしている人が増えています。

一方で、年齢が上の世代では、いまだに新聞からの情報収集にこだわっている人も少なくありません。金融関係の仕事では「日経新聞を読んだかどうか」が求められる場面もあるでしょう。

あなたは新聞派？　それともネット派？　どちらでしょうか。

「新聞のほうが正確で、情報量が多い」
「ネットのニュースのほうが速報性は高い」

どちらの意見も正しいかもしれませんが、「お金が貯まるかどうか」という観点からいえば、どちらが正しいかを議論することには意味がありません。

なぜなら、情報収集をどれだけがんばっても、それだけでお金持ちになることはむずかしいからです。

一般的に「お金持ちは特別な情報を握っている」というイメージをもっているかもしれません。しかし、直接的にお金儲けにつながる情報などめったにありません。情報そのものには価値はなく、それを活用して初めてお金が生まれるのです。

そもそも私が知っているお金持ちのほとんどは、特定の分野にはくわしいですが、新聞やニュースサイトに載っている一般的なニュースや話題については、一般的な人と同じくらいの情報しか知りません。

もちろん、お金持ちの人も、新聞やニュースサイトを読むことはあります。だからといって、新聞の隅から隅まで読むことはありませんし、「スマートニュース」「Ｙａｈｏｏ！ニュース」などもすき間時間に覗く程度です。

ネットや新聞で情報収集をしても、結局は誰もが知っている情報しか入ってきませんし、不要な情報もたくさん紛れ込んでいます。それこそネットニュースなど見ていたら、余計なサイトに次々飛んでしまって、無為《むい》な時間を過ごすことになってしまいます。

では、お金が貯まる人と、そうでない人とでは、情報の扱い方にどんな違いがあるのでしょうか。

お金持ちになる人は「情報収集」だけで終わらずに、「情報発信」に時間を割いています。

これが結果として大きな差を生んでいるのです。

たとえば、ニュースで気になった情報について自分なりの見解をまとめたり、自分の専門分野に結びつけたりして、ブログやツイッターなどのSNSにアップする。最近では音声SNSのClubhouse《クラブハウス》で発信する人も多くいます。

情報を発信すると、それを見聞きした人から反応があります。自分が知らない深い情報や新しい視点が得られるかもしれません。その情報発信から具体的なビジネスにつながる可能性もあります。

自分が手に入れたいものをつぶやいてもいいでしょう。「この商品気になっているんだけど、使い勝手はどうだろう？」と問いかければ、率直なコメントが返ってきます。企業のコマーシャルや提灯記事よりも、SNSでつながっている人の意見のほうがリアルで信用できます。

「こんな人材やビジネスパートナーを探している」と発信するのもアリです。求人広告を出すよりも、紹介してもらったほうが効率的に求めている人材とめぐりあえるかもしれません。

情報発信をするからこそ、自分にとって本当に必要な情報が集まってきます。

もちろん、情報発信の大切さはリアルの場面でも同じ。自分の興味のあることや相手の役に立つ情報を出し惜しみすることなく伝える。そうすることで、まわりまわって自分に価値のある情報が集まってくるのです。

お金の使い方 27

やってはいけない！

かばんが重い

これで貯まる！

かばんが軽い

「あれ？　どこに入れたっけ？」

借金まみれで自己破産寸前だった頃、そうつぶやきながら私はよく家の玄関の前でかばんのなかをまさぐっていました。

かばんのなかに入れていた家のカギがなかなか出てこない……。かばんのなかにいろいろなものがたくさん入っていたので、どこにカギを入れたかわからず、毎回玄関の前で立ち往生《おうじょう》する羽目《はめ》になったのです。

あなたが持ち歩いているかばんはどうでしょうか？

日常的にかばんがパンパンに膨らみ、重くなっているとしたら問題があります。あ

なたは、お金が貯まらない体質かもしれません。


では、お金持ちのかばんはどうか？

お金が貯まる人は、荷物が少なく、かばんが不自然に膨らんでいることはありません。中身も軽いので、とてもスマートな印象を与えます。旅行かばんでも同じ。長期の海外旅行でも、お金持ちは、まわりの人と比べて驚くほど荷物が少ないのです。

なぜ、お金持ちになれる人は、かばんの中身が少なくて軽いのか。

先日、対談したミニマリストの方の見解はこうです。

「必要なものとそうでないものが区別できる人はお金が貯まりやすい」

まさに、その通り。

第1章で述べたように、「ほしいもの」と「必要なもの」が区別できていないと、どんどんモノが増えていき、出ていくお金も多くなります。

お金が貯まる人は、自分にとって必要なものがわかっているから、かばんの中身も必要最低限のものしか入れません。

一方、かばんの中身が重い人は、本当に必要なものが何か、整理できていない状態です。

たとえば、ビジネスで商談に行くときも、「この資料も必要かもしれない」「あの資料も念のためあったほうがいいかも」と使うかどうかわからないものも、全部かばんのなかに詰め込んでしまいます。ところが、実際には使わないことも多いのです。

「今日はお客さまとこんな段取りで商談する」「お客さまの求めているものはこれだ」ということが事前に整理されていないから、不要なものまでかばんに入れてしまうのです。

こういうタイプの人は「必要かどうか」を判断する習慣がないので、お金の使い方もルーズになりがち。「ほしい」という感情に流されて、浪費してしまうのです。

かばんの中身は、頭のなかの状態をあらわしている、ともいえます。

かばんが重い人の頭のなかはぐちゃぐちゃで整理されていません。だから、適切な情報を引き出すことができず、判断の遅れやミスにつながります。

一方、かばんの中身が整理されている人は、頭のなかも整理されているので、仕事の判断もすばやく的確です。

同じことは部屋やデスクまわりにもいえます。

借金を抱えている頃の私の部屋は、足の踏み場もないくらいモノがあふれ、乱れきっていました。

しかし、借金を返済しようと一念発起《いちねんほっき》し、不要なものはすべて処分しました。**自分にとって必要なものだけに囲まれて暮らすようにしてからは、物事を考える余裕が生まれ、仕事や人生で本当に大事なものを見通せるようになりました。**

パソコンのファイルも要注意。デスクトップの画面がファイルで埋まっているような人は、頭のなかがゴチャゴチャになっている可能性があります。

お金が貯まらない人は、だまされたと思って、いらないものを処分してみましょう。頭のなかが整理され、自分にとって必要なものが見えてくるはずです。

28
お金の使い方

やってはいけない！

ビジネス書を読むだけで満足している

これで貯まる！

ビジネス書は読んだらすぐ実践！

「田口さん、今日のお話とても勉強になりました。早速実行してみます！」

講演会のあと、そう興奮しながら伝えてくれたAさん。彼もお金持ちになる第一歩を踏み出してくれるはずと、うれしい気持ちになりました。

ところが、後日Aさんと話す機会があったので、進捗《しんちょく》状況《じょうきょう》を尋ねてみると「じつは講演会の翌日から仕事が忙しくなって、まだできていない」とのこと。

あんなにやる気に満ちていたのに……。私はがっかりしましたが、同時に**人はどんなにモチベーションが上がっても、それは蜃《しん》気《き》楼《ろう》のようにすぐに消えてしまう**ことに気づきました。

ビジネスを成功させる秘訣は、いいと思ったことを実行に移すことです。

お金持ちになる人は、行動力がすぐれています。

ビジネス書を読んで、役に立ちそうなノウハウが見つかったとします。お金持ちになれない人は、いつか試してみようとは思っても、たいていは日常に忙殺《ぼうさつ》されて忘れてしまいます。

しかし、**お金持ちは役に立ちそうなノウハウは、すぐに実行してみます。そして、実践しながらカスタマイズをし、自分仕様のノウハウにしていきます。**

投資でもすぐに行動できる人が成功する傾向があります。

たとえば、東南アジアの不動産投資に将来性があることを書籍で読み、興味をもったら、手はじめに東南アジアの不動産に間接的に投資できる投資信託（ＲＥＩＴ）を探して購入してみる。そうして行動しながら経験値を積み重ねるなかで、絶好の投資のチャンスがめぐってくるものです。

人のやる気は儚《はかな》い蜃気楼なようなもの。一晩寝かせただけで、どこかに消えてなくなってしまいます。やる気やモチベーションには旬があるのです。

すぐに実行するコツは、やる気がマックスのときに、すぐに行動に移すこと。

たとえば、ビジネス書の第1章に実践してみたいノウハウがあったとします。ならばすぐに実行に移す。

ふつうは1冊すべて読み終えたあとに実践しようと考えるかもしれませんが、すべて読み終わった頃には、そのやる気が失われているかもしれません。

読み切るのに1週間かかっていたら、第1章の内容を忘れているおそれさえあります。「あとでやろう」は、たいていやり切らずに終わるのがオチです。

やる気があるなら、寝かせる必要はありません。即実践する人がお金を増やすことができます。

ビジネス書で学んだことを実践したからといって、すぐに目的を達成できるわけではありません。

しかし、実際に動きはじめると、新しい課題が生まれてくるものです。そして、また新しいビジネス書から学ぶ必要が出てくる。そこからいいと思ったことを、またすぐ実行に移す。これを繰り返すことによって、確実に成功へとつながっていきます。

たとえば、「投資をやってみたいけど、なかなか実行できない」という声をよく聞きます。

そういう人は**資産運用に関する本を読んで、「私もやってみよう」と思ったら、すぐにインターネットで口座開設の手続きをする。手続きのたぐいは多少面倒なものですが、いちばんやる気があるときであれば、乗り越えることができます。**

口座を開設すれば、どんな金融商品に投資すればいいかを知りたくなるので、今度はその分野の専門書を当たることになります。そして興味のある金融商品が見つかれば、少額で試してみる。こうして即行動を繰り返すことで、やがて投資家としてお金を増やすことができるようになるのです。

お金の使い方 29

やってはいけない！ 夜型生活

これで貯まる！ 朝型生活

これまでの私の人生を振り返ると、圧倒的に夜型の生活を送ってきました。

もともと朝が苦手だったので仕方なく夜型になっていたのですが、ここ数年は完全に朝型の生活を送っています。いまは5時半に起床し、22時頃には就寝しています。

夜型と朝型、両方を経験してわかったことは、朝型のほうが仕事は捗《はかど》り、人生が豊かになる、ということです。

実際、私のまわりのお金持ちの多くが朝型です。

夜型のいちばんのデメリットは、メンタルがマイナスに引っ張られがちだということです。 夜型だとどうしても仕事が夜までかかりますし、なかには深夜帯が、いちばん仕事が捗るという人もいるでしょう。

しかし、日中にイヤなことや困ったことがあれば、気分が落ち込みます。悪いニュースなどを見聞きすると、それだけでも心はモヤモヤとします。

夜は心理的にネガティブになり、頭のなかにも雑念が増えやすいのです。そうした状態で仕事をしようとしても、生産性や効率は上がらず、集中も途切れがちになります。クリエイティブなアイデアも浮かびにくいでしょう。

一方、朝型は脳がリフレッシュされやすい。睡眠をとったあとはネガティブな気持ちがリセットされ、ポジティブな気分になる。頭も冴えています。だから、朝早い時間は、クリエイティブな仕事をするのに向いています。

私は朝の時間帯を読書などのインプットにあてていますが、寝る前の読書よりも何倍も内容がスッと頭に入ってきて、たくさんの刺激を受ける感覚があります。


夜型の生活には「ムダづかいをしやすい」という金銭的なデメリットもあります。

私も経験がありますが、深夜の通販番組やネットショッピングは非常に危険です。夜は脳が疲れて判断力が鈍るため、ふだんなら買わないような商品を買ってしまいます。

「なんで、こんなものを買ってしまったんだろう……」

衝動買いをしたものは、結局あまり使うことなく、後悔することになります。

深夜のコンビニでついで買いをしてしまう人もいるでしょう。仕事帰りにふらっと立ち寄ると、ふだん我慢しているスイーツやお菓子を思わず買ってしまいがちです。

「夜はお金を使いやすい」ということは覚えておいたほうがいいでしょう。


お酒を飲む人は、さらに注意が必要です。

これも私の経験談ですが、夕方になるとお酒を飲みたい誘惑にかられます。一度、アルコールを体に入れてしまうと、自制がむずかしくなり、「もう一杯だけいいだろう」とつい飲みすぎてしまいます。

そんな状態で本を読んでも内容をまるまる忘れてしまいますし、お酒を飲みながら観た映画の内容を覚えていない、という情けない事態もしばしば起きました。深酒がすぎれば、翌日はお決まりの二日酔い。昼間も眠くて、仕事が捗りません。

朝型の生活になってからは、夜になれば自然と眠くなり、深酒をすることもなくなりました。

なお、お酒を飲みすぎてしまう人は、ぜひ一度禁酒してみてください。経験者として断言できるのは、**1週間お酒を飲まずに過ごすと、まるでこれまでとは別の世界を生きていると感じるほど、感覚がクリアになります。**朝の目覚めも格段によくなるので、朝型に移行しやすくなります。飲酒を習慣としている人は、だまされたと思って試してみてください。

朝型の生活に慣れると、一定のリズムが生まれます。規則正しく、決まった時間に寝起きすることは、体や脳の力を最大限引き出すことにもつながります。

体や脳のコンディションを正常に保つことは、的確な判断や高いパフォーマンスの基本条件となります。だからこそ、お金持ちは朝型の生活リズムを崩さないように注意しているのです。

30 お金の使い方

やってはいけない！

家族とはお金の話はしない

これで貯まる！

家族ともお金の話を積極的にする

「息子を私立に行かせようと思うんだけど……」

「公立に通うんじゃないのか。そんなお金はない」

子どもの進路をめぐり、夫婦の方針や価値観が対立することはよくあります。お金にまつわる事柄で大きなズレが生じたとき、その差を埋めるのは簡単ではありません。

お金に関する価値観は夫婦や家族であっても異なります。たとえば、服装にお金をかける妻がブランド品にこだわる一方で、持ち物に頓着《とんちゃく》しない夫はユニクロで十分と考えている場合。相手が何に価値を置き、どのようなお金の使い方をするかを理解しておかないと、お互いに心のわだかまりが広がっていきます。

夫婦の3分の1が離婚するといわれていますが、その原因のほとんどは、突きつめればお金の問題に帰着《きちゃく》します。夫の稼ぎが悪ければ妻の心は離れていきますし、反対に妻の金遣いが荒ければ夫の心は離れていきます。

一見、感情の問題と思われがちな嫁と姑《しゅうとめ》の折り合いが悪いケースもそうです。生まれた年代も生きてきた環境も異なる他人同士が同居していれば、諍《いさか》いが起こるのは必然です。しかし、適度な距離を保てれば解決する問題でもあります。お金があれば、同居せずに二世帯住宅にする、あるいは近くに親のためのマンションを借りるという選択肢も考えられます。

日本人は、お金のことを積極的に語らない傾向があります。お金のことをあれこれ言うのは「品がない」という意識があるようです。家族でさえも、お互いの給料や貯金額を知らない、ということもあります。

しかし、**お金が貯まる人は、日常的に家族とお金の話をしています。**

とくに重要なのは、大きな出費をともなう事柄です。事前にすり合わせておかないと不要な出費をするおそれがあります。

たとえば家の話。**賃貸にするのか、住宅ローンを組むのか。ずっといまの場所に住むのか。住まいの選択は金額が大きいだけに、今後の家族の人生を左右します。**賃貸を選ぶにしても、住宅ローンを選ぶにしても、あらかじめ資金計画を練る必要があります。

子どもの教育も大きな出費をともないます。大学卒業までの教育費用は国公立で平均499万4000円、私立大学文系で平均717万円、私立大学理系で平均821万7000円とされています（日本政策金融公庫の2019年度「教育費負担の実態調査結果」より）。子どもが増えれば、その分、教育費も倍増します。**しっかり教育を受けさせたいのであれば、早いうちからお金を貯める計画を立てる必要があります。**

子どもとも積極的にお金の話をすることは大事です。**どうしても大学の学費を工面できないのであれば、「奨学金を借りる」という選択肢があることを伝えるのも親の**

役割でしょう。

受験直前になって「うちは大学に行かせるお金がない」と突き放すだけでは、子どもが不憫《ふびん》です。しっかりお金の現実を伝え、代替案も含めて話し合えば、子どもも納得してくれるはずです。

ちなみに、奨学金は「借金と同じで卒業後に苦労する」といったマイナスイメージで語られがちですが、私は強い違和感を覚えます。卒業後に毎月1、2万円ずつ返済するとしても、とても低い金利でお金を借りられるのですから、むしろ感謝すべきではないでしょうか。就職すれば毎月の返済で生活苦になるとは考えにくい。とても良心的な制度だと思います。

普段からお金の話題から逃げず、家族と会話を重ねていれば、相手のお金の価値観、使い方の傾向などもわかります。**自分とは異なる価値観であっても、それを知っているのと知らないのとでは天地ほどの差があります。**頭で理解できていれば、冷静に話し合い、判断することができるはずです。

31 お金の使い方

やってはいけない！

電車ではスマホでゲームをして過ごす

これで貯まる！

電車移動中は読書をする

電車に乗っていると、だいたい9割の人がスマホの画面を見ています。そして、そのなかの多くはゲームに夢中になっています。

私も初代ファミコンで「スーパーマリオブラザーズ」に夢中になった世代なので、ゲームのおもしろさは理解しているつもりです。大人になってからも「ツムツム」というパズルゲームにはまっていた時期もあります。

しかし、自分の経験も含めていえることは、**スマホゲームは百害あって一利なし。**ゲーム業界で仕事をしている人には申し訳ありませんが、人生の時間をムダにしていると言っても過言ではありません。

ゲーム依存症という病気があるように、ゲームには依存性があります。気づいたらゲームアプリを開いてしまいます。

しかし、ゲームにはまることで多くのものを失っています。

1つめは、時間。

「時は金なり」という言葉がありますが、いかに時間を使うかで稼げるお金も変わってきます。毎日ゲームに1時間使っていたら、1年間で365時間、つまりは15日間以上の時間を費やすことになります。

2つめは、お金。

無料のゲームであればまだましですが、ゲームに夢中になる人ほど課金によってお金を失います。なかには1か月に数万円を費やす人もいるとか。趣味としても、高くつきすぎではないでしょうか。

3つめは、スマホのデータ通信量（ギガバイト）。

電車での移動中などWi-Fiが飛んでいないところでゲームをすればスマホのデータ通信量を消費してしまいます。結果としてスマホ代も割高となりがちです。

ゲームはお金と時間を浪費します。これほどコスパの悪いものはありません。

お金が貯まっている人でゲームにはまっている人は、私の知る限りほとんどいません。彼ら彼女らの多くは、電車に乗っているとき、スマホを開かずに、読書をしています。

私もそうですが、新幹線や飛行機に乗るときには、必ず書籍を持ち込みます。東京駅・新大阪駅間の移動であれば、文庫本1冊くらい読めてしまいます。

日常生活では、意外と本をじっくり読む時間は確保できないものです。その点、移動中は集中して本を読む絶好の機会でもあります。

お金が貯まる人は、ジャンルを問わず、総じて書籍をよく読んでいます。とくにビジネス書や自己啓発書は仕事や人生を豊かにするためのヒントがたくさん詰まっています。

先ほども述べたように、お金が貯まる人は、読書から得たことを即実践して、日々進化していきます。日々ゲームで時間とお金を浪費している人と、どんどん差が広がっていくのは必然なのです。

32 お金の使い方

やってはいけない!

虫歯になってから歯医者に行く

これで貯まる!

虫歯がなくても定期検診をする

あなたが最後に歯科医院へ行ったのはいつでしょうか? もう何年も通っていないという人もいるかもしれません。一般的な健康診断では歯科検診はないので、虫歯が痛まないかぎり、歯科医院に行く機会がないという人は多いはずです。

歯の痛みに我慢できず、歯科医院に駆け込む。そのときにはすでに虫歯は相当進行しています。

治療費は高くつきますし、何度も歯科医院に通わなくてはならなくなります。

仮に抜歯をせざるを得ないくらい虫歯が進行していた場合、白い歯に見せるセラミックやインプラントなどの治療法を選択すれば、保険適用外となり高くつきます。

虫歯に気づいてから歯科医院に行けば、お金も時間もムダになります。 なにより大事な歯を失いかねません。

幸せな食生活を送るうえでも、歯の健康は欠かせません。口腔内《こうくうない》の状態が悪くなれば咀嚼しづらくなり、結果的に内臓に悪影響を与えるおそれもあります。

歯周病が健康に与える影響についても研究が進んでいます。歯周病の病原菌が血管を通じて心臓に運ばれることによって、心筋梗塞《しんきんこうそく》、心内膜炎《しんないまくえん》などが誘発されると考えられています。歯周病の人が心疾患《しんしっかん》で死亡する率は、健康な人の2倍にもなるとされています。虫歯など口腔内の病気は万病の元なのです。

お金が貯まる人は、さまざまな面で管理能力が高い。お金についても使い方を日々しっかり管理できるから貯まっていきます。

なにごとも管理するうえで大切なのは、日々のメンテナンスを怠らないことです。家計簿も毎日記録をつけるから、支出がどれくらいであるかを把握でき、お金の使い方を修正できます。1週間も家計簿をつけるのを怠ってしまえば、気づいたときには支出が収入を上回っていた、という事態になりかねません。

管理能力が高いお金持ちは、虫歯がなくても歯科医院で定期検診を受けています。

私も3か月に1回のペースで定期検診を受けて、歯のメンテナンスをしています。

もし、そこで口腔内の小さな異常が見つかれば、早めに対処し、健康を維持することができます。

第1章で取り上げた人間ドックも同じ発想です。日頃から体のメンテナンスをしていれば、傷口を広げずに済みます。

どんなにお金を持っていても、健康が損なわれれば不幸のどん底に落とされた気分になるものです。人間は、体が資本であることを忘れてはいけません。

なお、歯科医院に定期的に通うのは面倒に感じる人もいるかもしれません。そういう人におすすめなのは、検診に訪れた際に、受付で次回の予約も入れてしまうことです。あらかじめスケジュールに入れてしまえば、ルーティン化できます。

お金が貯まる人は、自分の意思に頼らずに済むしくみを導入するのも得意なのです。

33 お金の使い方

やってはいけない！

あれこれとダイエット法を試す

これで貯まる！

毎日体重計に乗る

私が破産寸前まで追い詰められていた頃、借金額だけでなく、体重も増える一方でした。いまよりも30キロは重く、いわゆるデブの部類でした。

ですから、さまざまなダイエット法を試してきた過去があります。

お金が貯まる人は、いろいろと試すこと、変わることについてはためらいがありませんが、原理・原則から逸脱することはありません。

たとえば、健康法についても原理・原則を踏まえています。

その原理・原則とは、ひと言でいえば、規則正しい生活をすることに尽きます。毎日十分な睡眠をとり、三食バランスのいい食生活を心がけ、深酒をしない。そして、適度な運動をする。世の中にはさまざまな健康法が存在しますが、この原理・原則に勝る健康法はありません。

メタボ対策やダイエット法も同じです。次から次へと最新の健康法やダイエット法が生まれては消えていきますが、人が健康的に痩せるには、２つしか方法がありません。

「食事の量を抑えること」と「適度な運動をすること」です。この2つさえ徹底していれば、少しずつ痩せていくことはあっても、太ることはありません。

したがって、お金持ちは、最新の健康法やダイエット法が流行しても惑わされ、いろいろ試してみることはしません。

ひとつのダイエット法が流行ると、そればかり実行する人がいます。炭水化物を抜くダイエットが流行ったら、一切コメなどの炭水化物をとらない。一時的に効果はあるかもしれませんが、やりすぎれば健康面のバランスが崩れる可能性があります。また、炭水化物の誘惑に負ければ、リバウンドしかねません。

原理・原則を無視したやり方は、必ず破綻する結果となります。

お金も同じ。お金を貯める原理・原則は、収入を増やし、支出を減らすこと。１３

1ページで紹介した「令和版お金のノート」もその原理・原則にもとづいたやり方です。ただ、記録するだけのシンプルな方法ですが、絶大な効果があります。

ダイエットやメタボ対策でも有効なのは、記録することです。毎日、体重と食べたものをひたすら記録していく。この手法は「レコーディングダイエット」といわれています。

とくに運動するわけでも、食事を減らすわけでもありません。ただ、日々を記録していくだけです。とてもシンプルな方法ですが、私の場合、絶大な効果がありました。なんと、この方法で30キロも痩せて、現在のスリムな体型を手に入れることができたのです。なぜなら、毎日記録することで、常に体重と食事を意識するからです。

体重が昨日から1キロ増えれば、「昨日のお酒のせいかも」と後悔し、「明日は食事の量を減らそう」「今日は歩く量を増やそう」という気持ちになります。

毎日記録し続けていると、ちょっとした体重の変化に気づきます。その結果、食べすぎや運動不足を防ぐことができるのです。

お酒の飲みすぎを改善したい人にも、レコーディングは有効な方法です。毎日飲んだ酒の種類と量を記録することで、心理的にブレーキをかけることができます。

第4章

やってはいけない お金と「人間関係」

34 お金の使い方

やってはいけない！

人間関係を深めるには、ディナーでフルコースだ

これで貯まる！

人間関係は、サクッとランチで深める

「人間関係を深めるには夕食をともにするのがいちばん」

コロナ禍になる前までは、そう信じている人は少なくありませんでした。たしかに、ディナーや飲み会の席をうまく活用すれば、相手との距離は近づきますし、商談もうまくまとまりやすくなります。

だから、ビジネス上の付き合いでお酒を飲みに行くことは否定しません。

しかし、ディナーはたいていお酒が入ります。相手との距離は一気に近づく可能性はありますが、それを帳消しにしてしまうデメリットもあります。

1つめは「盛り上がって終わり」というケースが多いこと。

酔っぱらって何を話した記憶が定かでなければ、「楽しい飲み会だったね」で終わり。ビジネスで人間関係を広げるなら、次につながるような展開が必要です。

2つめは、会話が雑になること。

お酒が入った勢いで話したことは、言いっ放しになってしまい、言ったほうも聞いたほうも覚えていないことが多い。これでは、やはり意味がありません。

3つめは、ダラダラと時間を過ごしてしまうこと。

酔っぱらって調子がよくなると、時間いっぱいまでダラダラと話を続けてしまいます。二次会やカラオケに流れることになっても、ほとんど生産的な会話はされませんし、次の日の仕事にも響きます。

4つめは、出費がかさむこと。

同じ店であっても、ランチよりもディナーのほうが料金は高くなるのが一般的です。

夜はお酒が入るので、その分、お酒代もかさみます。

このようにお酒が入る夜の席は、メリットがある分、デメリットも大きいのです。

お金持ちは人間関係を深める場として、夜の酒の席ではなく、昼のランチタイムを重視しています。**ランチをいっしょに食べながら、お客さまや社内外の関係者とミーティングをしたり、交流を図ったりするのです。いわゆる「パワーランチ」です。**夜の会合が制限されるコロナ時代こそ、パワーランチは有効といえます。

いっしょに食事をしながら話をすると、お酒の席ほどではありませんが、オープンな気分になり、お互いの距離が縮まる効果が期待できます。また、夜の席と違ってズルズルと時間を過ごすことを防げるので、時間を効率化することも可能です。金銭的にも、ランチであれば1000~2000円ほどで済むのでリーズナブルです。

最大のメリットは、話が具体的に進展することです。

夜の席では言いっ放しになってしまうことも、昼の席であれば、「今度のランチで××さんを紹介します」「次回は、○月×日にオンラインミーティングで詳細をつめましょう」というように、具体的な行動に落とし込めます。

お金が貯まる人はお金と時間を大切にします。つまり費用対効果を重視するのです。だからこそ、人間関係を深めたいのであれば、ディナーではなく断然ランチです。

なお、コロナ禍の非常事態宣言下では、ランチやディナーの会食そのものがなくなりました。私も打ち合わせや取材のほぼすべてがオンラインです。

オンラインだと人間関係を深めるのがむずかしいといわれますが、意外とそんなことはありません。既存の知り合いはすでに関係ができているのでオンラインでも違和感はありませんし、新規でお会いする人も、最近はSNSなどネット経由で出会うケースがほとんどなので、オンラインでも支障を感じません。

また、移動する時間もカットできるので、効率的に時間を使えます。

お金持ちは、さまざまな変化に臨機応変に対応するのが得意です。また、オンラインミーティングなど新しいものにも好奇心が強い。そのため、直接人と会えなくても、オンラインでのコミュニケーションにうまく対応しています。

したがって、私自身もそうですが、コロナが終息しても打ち合わせなどはオンラインで済ませて、ますます夜に会食に行く機会はなくなりそうです。

35 お金の使い方

やってはいけない！

メールはまとめて返信する

これで貯まる！

メールは即レス

お金が貯まる人かどうかは、何度かメールなどでメッセージのやりとりをすればわかります。

メールの返信が速い人は、仕事ができて引く手あまた。忙しいはずなのに即レス。遅くても1～2時間以内には返信があります。当然、仕事の稼ぎも多くなります。

一方で、メールの返信が遅れがちな人は、仕事も遅れがち。丸一日経ってから返信が来たり、ひどい場合は2～3日音沙汰がなかったりします。結果として人もお金も寄りつきません。

お金が貯まる人は、あらゆる面で先延ばしを嫌います。いまできることなら、すぐ

に片づけてしまう。

これは私の感覚ですが、返信が必要なメールの8〜9割は、イエス・ノーの意思表示だけで済むもの、アポイントの調整など即答できる内容です。時間にすれば1分もかからないので、返信を先延ばしにする意味がありません。

「即レス」は、すぐに連絡がつき、要件が片づくので、相手からも喜ばれます。好印象にもつながるでしょう。アポイントの調整がスムーズにできる人は、いっしょに仕事をしてもストレスがありません。

一方で、メールがなかなか返ってこない人は、なんでも先延ばしにする傾向があります。

たとえば、「そろそろ老後資金の準備が必要だ」と気づいても、「まだ先のことだから……」と後回しにしてしまう。結局、ずっと手をつけずに行動しません。

反対に、即レスするタイプの人であれば、「できることからはじめる」という発想をするので、まずは投資の本を購入したり、お金関係のセミナーに申し込むなど行動を起こします。**そうした行動の差が、将来、両者の差を広げるのは火を見るよりもあきらかです。**

ただし、即レス派にも注意すべきことがあります。

即レスが大事だからと言って、メッセージにいちいち反応しすぎないことです。

最近は、スマートフォンが手元にあると、いつでもメールをチェックできるので思わず確認したくなりますが、メールがひとつ届くたびに反応していたら、仕事に集中できません。

あなたも経験したことがあるかもしれませんが、仕事の最中にメールが気になって返信すると、その流れでほかのメールに目を通してしまったり、ネットサーフィンをしてしまったり、仕事から脱線してしまいがちです。

一度、仕事から離れてしまうと、元の仕事に戻って集中するのは意外とむずかしい。時間のムダになってしまいます。

人間の集中力が持続するのは、30分とも60分とも90分ともいわれます。いずれにしても短時間しか集中できないのですから、その集中タイムにメールの返信に気をとられてしまったら、確実に仕事の効率が下がってしまいます。

お金持ちになれる人は、本来やるべき仕事に集中する時間を大切にしているのです。

私の場合、仕事に集中しているときは、スマホはマナーモードにし、休憩中や移動中などにスマホを確認することにしています。そして、メールに気づいたら、できるだけすぐ返信します。

先ほども述べたように、仕事の集中力はそう長くは続きませんから、結果的に1、2時間ごとにスマホを手に取るタイミングがあります。そのついでに返信するのです。

どのくらいのスピードで返信すれば「即レス」といえるのかは、人の感覚によって異なります。「5分以内が即レス」という人もいるかもしれませんが、1〜2時間以内で返信すれば「即レス」といえるのではないでしょうか。**いずれにしても「即レスしなければ」と神経質にならないこと。**仕事の生産性や効率が下がります。

スマホが気になって、つい見てしまうという人は、仕事中は手の届かないところや視界に入らない場所にスマホを置くなどの工夫が必要です。

36 お金の使い方

やってはいけない！

待ち合わせには3分前に到着

これで貯まる！

待ち合わせには30分前に到着

今日は商談相手とホテルのロビーで待ち合わせ。無事3分前に到着したので安心していると、すでに相手は待ち合わせ場所で待っている。結局、「お待たせして申し訳ありません」とお詫びすることに……。**時間に間に合っているのだから、3分前でも十分だと思うかもしれません。しかし、それはお金が貯まらない人の発想です。**

このようなケースでは、待ち合わせ時間に間に合っているにもかかわらず、相手を待たせてしまったことから、後ろめたい心理状態になります。

商談のような交渉事をするとき、相手に対して負い目があると圧倒的に不利です。相手のペースで交渉が進み、こちらが強気に出ることがむずかしくなります。結果として不利な条件をのまざるをえないこともあります。**待ち合わせでは、先に着いたほうが心理的に有利で、主導権を握れる可能性が高くなるのです。**

したがって、ビジネスで成功する人は相手よりも確実に先に着けるよう、30分前には待ち合わせ場所の近くに到着しています。

30分前をめざして行動することは、リスク管理にもつながります。電車が遅延したり道に迷ったりすれば、３分程度の余裕時間はアッという間にロスしてしまいます。30分のバッファーがあればトラブルがあっても、まず時間内に到着できます。

もちろん、30分前に相手のオフィスを訪問したら迷惑になるので、近くのカフェなどで待機することになります。ただ、30分もあれば、十分にひと仕事できるので、決して時間をムダにすることはないでしょう。

なお、外で打ち合わせをするとき、私はできるだけ書店の近くで待ち合わせをするようにしています。そして書店のなかで待ちながら、新刊コーナーなどを覗きます。「最近はこんなテーマが注目されているのか」と、世の中のトレンドをつかむことができます。これから打ち合わせをする相手との話題としても活用できるでしょう。

また、万一相手が遅れてくるようなことがあっても、書店のなかにいれば暇をもてあますこともありません。

　お金が貯まる人は、時間にきびしいタイプが多いです。

「時は金なり」であると知っていると同時に、相手の時間をムダにすることは、信頼関係を壊すことを理解しているからです。極端な例ですが、私の知り合いのお金持ちには、待ち合わせ時間を1分過ぎただけでも帰ってしまう人もいるくらいです。

　もし初対面の大事な打ち合わせで遅刻したら、相手の第一印象は悪くなります。少なくとも私は、初対面で遅刻してくる人とは、その後、仕事はしないことにしています（体調不良などのやむを得ない理由があれば別です）。

「少しくらいの遅刻は大目に見てもいいではないか」という反論もあるでしょうが、遅刻をしてくる人は、一事が万事その調子で「きっと納期も遅れるのではないか」と想像できてしまうからです。

　コロナ禍になってからは、リアルの待ち合わせが減り、オンラインでのミーティングが増えました。**30分前にパソコンの前に待機する必要はまったくありませんが、時間に遅れたら心理的に不利な立場になるのは同じです。**遅れる人からは人もお金も離れていくことを肝に銘じておきましょう。

37 お金の使い方

やってはいけない！

スケジュールが常にいっぱい

これで貯まる！

スケジュールはいつもスカスカ

「今日はセミナーを3つハシゴです」

私のオンラインセミナーの参加者のひとりは、1日に3つのセミナーと講演会に参加したとのこと。

この発言を聞いて、少々心配になりました。

セミナーの内容をきちんと咀嚼し、行動に移すことができているだろうか、と。

コロナ禍でオンラインが当たり前になったことで、移動の時間をカットできるようになりました。これは仕事の効率化や生産性を考えれば大きなメリットです。

ただ、その分、打ち合わせやセミナーなどスケジュールを詰め込みすぎるという問

題も起きているようです。

「今日は1日オンラインで会議をしていた」とぼやくビジネスパーソンもいます。

これは危険な兆候です。**スケジュールがいっぱいだと、そのしわ寄せが生じ、仕事の成果や生活にも悪影響が及ぶからです。**

「お金を稼ぐ人はスケジュールもいっぱいで、いつも忙しそうにしている」というイメージをもっているかもしれません。

しかし、実際は違います。

スケジュールが詰まっているということは、裏を返せば、他人に時間をとられていることを示しています。人や時間に流されるばかりで、行き当たりばったりの仕事になりがちです。じつは、多忙な人ほど稼げないのです。

スケジュールに余裕がなければ、チャンスをつかむこともできません。

たとえば、ビジネスのキーマンになるような人を誰かに紹介されたとき、「○月○日は空いていません。1か月先まで時間はとれません」などとモタモタしていたら、せっかくの出会いやチャンスをつぶすことになります。

また、時間に忙殺される人は、ストレスから私生活が乱れ、お金を浪費しがちです。結果として、手帳のスケジュールが常に埋め尽くされている人は、お金持ちにはなれません。

一方、お金持ちになれる人は、意外なほどスケジュールに余裕があります。決して無理に予定を詰め込むことはしません。

ビジネスのチャンスや出会いを確実にモノにすることができます。

お金を稼げる人かどうかは、その人のスケジュール帳を見ればわかるのです。

では、お金持ちになれる人は、空いている時間に何をしているのか。

お金持ちは、**おもに「思考する時間」にあてています。**戦略を考えたり、クリエイティブな仕事に取り組んだりと、頭を使う仕事をしているのです。

私の場合も、ひとりでじっくり考える時間にあてています。この時間を「ひとり作戦会議」と呼んでいます。自分自身と向き合って、これからの仕事のこと、将来のことを考えるようにしているのです。

「来年は、どんなコンセプトでセミナーを開催しようか」
「次は、こんなテーマで著作を出版してみようか」

このように将来に向けて思考をめぐらすことで、新しいアイデアや戦略が浮かんできたり、仕事を飛躍させるきっかけをつかむことができます。

深い思考の時間が大事だと理解している人は、ひとり作戦会議の時間についてもスケジュール帳に書き込んでいます。

時間を確保しておけば、うっかり他の予定を入れてしまうことはありません。「ひとり作戦会議」の予定は、短い人でも3か月先、長い人では1年先まで決め、スケジュールに書き込んでいるのです。

スケジュールはいつもスカスカにしよう

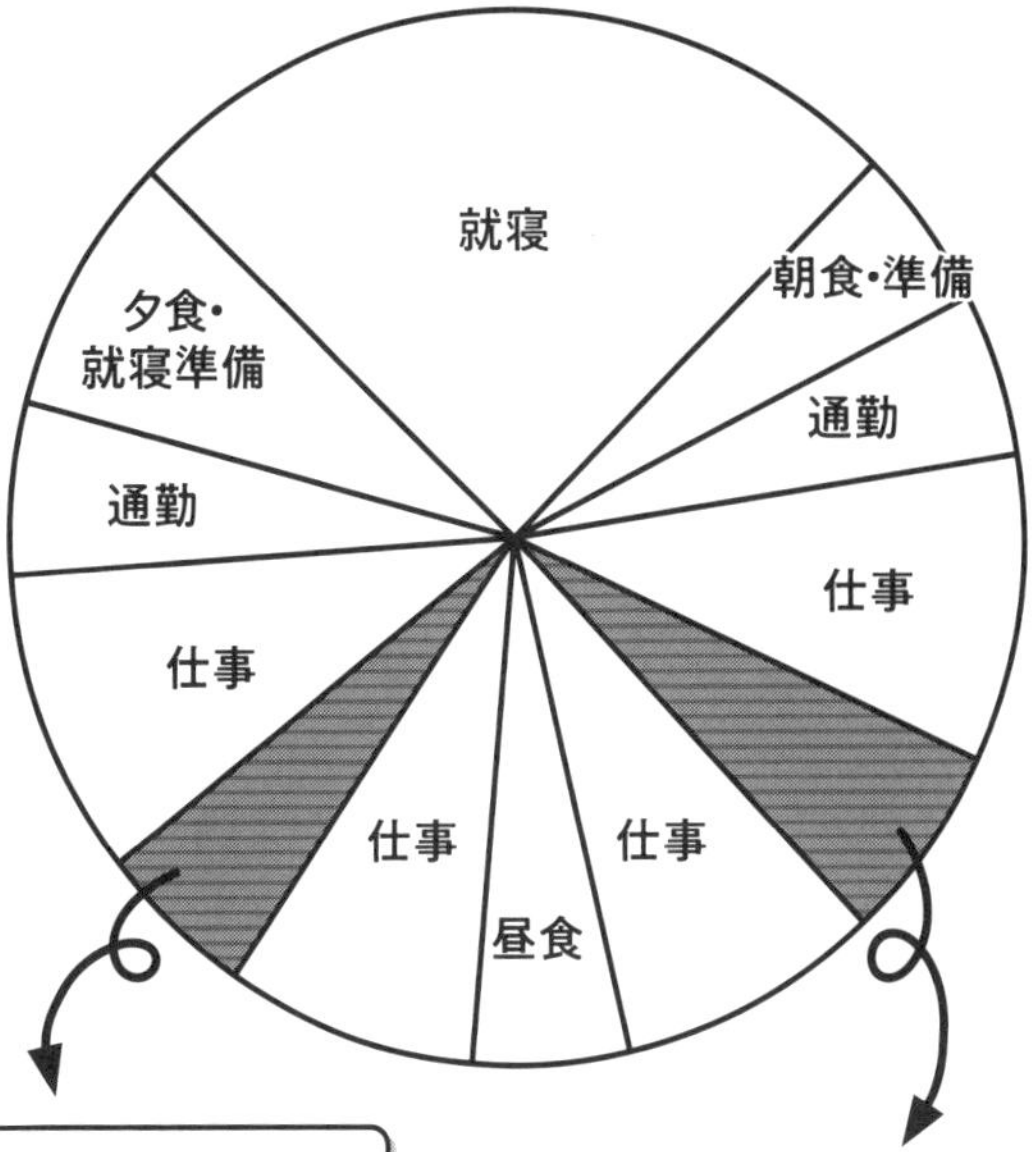

ひとり作戦会議

自分自身と向き合って、これからの
仕事のこと、将来のことなどを
考える時間をとろう!

スケジュールをいっぱい
にせず、思わぬチャンス
に対応できるようにする!

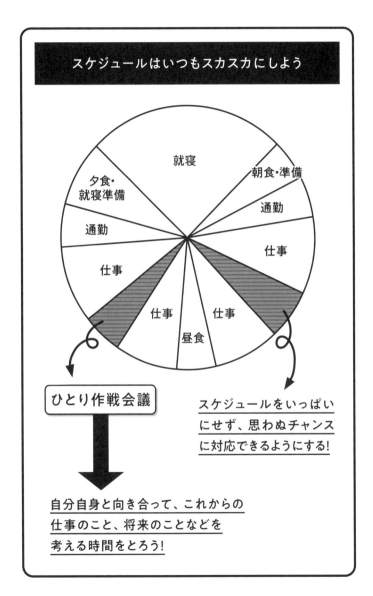

38 お金の使い方

やってはいけない!

苦手な人からの仕事でも、受ける

これで貯まる!

苦手な人からの仕事は、なるべく断る

インターネット事業を手がける起業家Bさんと話していたら、こんな悩みを打ち明けられました。

「起業当初からのお得意さまがいるのですが、仕事のたびに要求や納期がきびしくなっていきます。メールや電話も頻繁にくるので、そのたびに憂鬱な気分になります。こういうお客さまにはどう対処すればいいでしょうか?」

私はこうアドバイスしました。

「そのようなお客さまとは付き合いをやめたほうがいいですよ」

Bさんは少し驚いた様子でしたが、「そうですよね！」とどこか吹っ切れた表情に変わりました。

このようなアドバイスを私が自信をもってできたのも、過去に「イヤな人」といっしょにビジネスをした経験があるからです。

父親が経営する保険の代理店を引き継いだとき、当然、父親の顧客も私が担当することになりました。

そのなかに、苦手なタイプのお客さまがいました。大口の契約をしてくれていたのですが、とにかく要求が多い。「もっと安くならないのか」「こんなサービスをつけてくれ」などケチをつけてくるばかりか、「いまから会いたい」と頻繁に私を呼び出しました。そのお客さまのオフィスを訪ねるたびに、さまざまな要求をされ、さらには保険とは関係のない愚痴や世間話にも延々と付き合わされました。

そのうちに、私はそのお客さまから電話がかかってくるたびにストレスを感じるようになりました。

いよいよ限界に達した私は、そのお客さまとの関係を断ちました。大口の契約を失ったのは経営的に痛手でしたが、それは一時的なものでした。

気の合わないお客さまとの付き合いをやめてからは、仕事のストレスが大幅に軽減され、楽しく仕事ができるようになりました。また、新規顧客の開拓や他のお客さまにかけられる時間が増えて、結果的に売上は以前よりもアップしたのです。

この私の経験談を聞いたBさんは、まもなく「例のお客さまとの仕事は断ることにしました！」と連絡してくれました。声もどこか弾んでいる印象でした。

どんな人にも苦手なタイプや相性が合わない人がいます。

そんな人と仕事で付き合うことになったら憂鬱です。「食べるためには仕方ない」といったん仕事を引き受ければ、その後もネガティブな感情をひきずることになります。

自分がイヤイヤしている仕事は、総じて苦労が多いわりに儲けが少ない。仕事が苦痛になってしまったら、お金も増えていきません。そうした仕事はできるだけ早く断ち切るべきです。

お金持ちになる人は、お客さまやビジネスパートナーとの付き合いにおいても一定の基準をもっています。

「いっしょに仕事をしたいかどうか」です。

私自身も講演会や出版の仕事を決めるときは、「この人といっしょに仕事をしたら楽しそうだな」「この人と話していると、次々アイデアが出てくる」という感覚を大事にしています。

とくに出版の仕事は編集者との相性を重視しています。書籍は企画の段階から半年ほどかけて二人三脚でつくりあげていきます。もし編集者に対して「この人とはウマが合わない」「リアクションが遅くて不安になる」といった印象を抱いていたら、本の出来にも影響を与えますし、執筆のモチベーションも上がりません。なにより編集者といっしょに楽しんでつくりあげた本でないと読者も楽しんでくれないでしょう。

お金が貯まる人は、自分の時間を使って、貢献あるいは協力したいと思えるかどうか。そうした基準に合致した人と付き合っているのです。

39
お金の使い方

やってはいけない!

お酒の付き合いは、いつも誘われる側

これで貯まる!

お酒の付き合いは、いつも誘う側

あなたは、お酒の席によく誘われるほうですか?

それとも自分から誘うほうですか?

いつも誘われる側の人は、きっと人あたりもよく、まわりから好かれるタイプなのかもしれません。しかし、お金持ちになれるかどうかは疑問です。

なぜなら、いつもお酒に誘われるタイプは、相手に主導権を握られ、振り回されがちだからです。受け身だと、苦手なタイプとも付き合わなくてはいけなくなります。

一方、お金持ちは、人間関係を築くうえで主導権を握ることを心がけています。決して受け身の姿勢で、誘われるがまま行動したりはしません。

もちろん、お金持ちも人からお酒や交流会などの誘いを受けることはあります。しかし、少しでも「イヤだな」「面倒だな」と思ったら迷わず断ります。

明確な理由がなくても、直感的に「行きたくない」と思ったら断る。なぜなら「この人とはうまくいきそうもない」という印象を抱いた相手とは、その後も関係がぎくしゃくし、トラブルも起こりがちだからです。案外、直感は当たるものです。人には相性がありますから、いくらあがいても苦手な相手とはうまくいきません。

お金につながる人間関係を築きたければ、ビジネスの場でもお酒の席でも、自分が仕掛ける側にまわることが大切です。

誰を誘うかについても、直感を信じてもいいでしょう。

「この人と話してみたい」「この人は信頼できそう」「この人とはウマが合いそうだ」と思ったら迷わずお誘いする。私も自分の直感を信じて、ご縁を広げてきました。

お酒に誘われる側ではなく、誘う側にまわる。これこそお金持ちが大事にしている人付き合いの鉄則です。

コロナ禍になってから、リアルでお酒を飲む機会はめっきりなくなってしまいましたが、お金持ちのなかにはリモートでの飲み会を通じて親交を深めている人が少なくありません。

私も緊急事態宣言が発出されてから月1回のペースで「オンライン・マネー・スナック」を開催しています。飲み屋のスナックに見立てて私がオーナー（主催者）となり、お酒を飲みながらお金についてのトピックを語り合う交流会です。スナックのママさん役の人もいて、会話を盛り上げてくれます。

すでに1年以上続いていますが、ネットの気軽さゆえにリアルの飲み会ではなかなか誘えない人とも交流でき、オンライン飲み会のメリットを実感しています。

なお、お酒が飲めない人は、無理して酒の席を設けなくてもかまいません。ランチなど食事会を設定してお誘いするのです。お酒が入らない分、有意義な話もできますし、話した内容を忘れることもありません。

お酒は人間関係の潤滑油《じゅんかつゆ》となりますが、一方で深酒には注意が必要です。

お金が貯まる人は二次会には参加しません。なぜなら、二次会はメリットよりも、デメリットのほうがはるかに多いからです。

二次会になれば、たいていは酒も相当入っているので場が乱れます。実のある話もできませんし、言葉もいい加減になりがちです。「今度いっしょに何か仕事をしましょう」と盛り上がっても、その場限りになりがちで、そもそも記憶に残っていないことさえあります。

二次会に行けば、当然出費もかさみます。お酒が入るほど気も大きくなるので、大盤振る舞いしがち。ノリでキャバクラなど女性のいるお店に行ったら、1万円札が何枚も飛んでいきます。

「二次会に参加しないと付き合いが悪いと思われそう」と心配する人もいます。しかし、二次会に行かなかったからといって、人間関係が崩れることはまれです。そもそも覚えていないこともあります。その程度で崩れるくらいなら、その人間関係はそもそも続かない運命だったのかもしれません。

リモート飲み会でも、飲みすぎには要注意。自宅から参加できて終電もないので、エンドレスになりがちです。「オンライン・マネー・スナック」は、1時間30分と時間を区切って開催しています。過ぎたるは及ばざるがごとし。ほどほどが良好な人間関係を築く秘訣です。

40 お金の使い方

やってはいけない！

人と知り合ったあとは連絡待ち

これで貯まる！

自分から関係をつくりにいく

「はじめまして、田口と申します。保険の仕事をしているので、必要なときはぜひよろしくお願いします！」

私は必死でした。

父が生業としていた保険代理店の経営を引き継いだばかりだったからです。

保険業は人脈がものを言う仕事。経営を引き継ぐまで塾講師の仕事をしていた私は、保険を買ってもらえるような人脈をもちあわせていませんでした。

そこで人脈をつくる糸口として目をつけたのが異業種交流会でした。たくさんの人が集まる場所で名刺を配り、見込み客をつくろうと企《くわだ》てたのです。

会場に到着した私は、名刺交換をするために、片っ端から声をかけていきました。

「保険の代理店をやっています」

「必要なときはお願いします！」

交流会の終了後、名刺をすべて配り切った私は、「一気に100人の見込み客を獲得できた。これで保険がたくさん売れるぞ！」とひとりほくそ笑んでいました。

いまならわかりますが、当時の私は世間知らずでした。交流会の場で一方的に保険の売り込みをされたら、いい迷惑でしょう。「面倒だから関わらないようにしよう」と煙たがられるのがオチです。

案の定、待てど暮らせど会社の電話は鳴りませんでした。

当然の結果です。私は名刺を配り歩いただけでした。

異業種交流会やパーティーのように人がたくさん集まる場に行くと、かつての私のように名刺を配り歩いている人を見かけます。

たしかに、人の集まるところにはお金も集まりますが、人間関係の「数」だけ求めて、次のステップに進めない人は、人脈を活かすことができません。

人脈からお金を生み出せる人は、自分から人間関係をつくるアクションをとります。

初対面で話したあと、「もう少しくわしい話をしてみたい」「この人とは何かいっしょに仕事ができるかもしれない」と思ったら、名刺に記載された連絡先にメッセージを送ります。「先日はありがとうございました」とお礼を述べたうえで、面談のアポイントを打診します。

もちろん断られることもありますが、会話がそれなりに盛り上がったのであれば、会ってもらえるケースのほうが多いでしょう。

人脈からお金を生み出せる人は、自然とこのような行動をとっています。積極的に連絡をとる人が、ビジネスチャンスを獲得できるのです。

一方で、名刺を配っただけで終わってしまう人は、かつての私のように「待ち」の姿勢です。連絡がくるのをひたすら待っている。そして、連絡がないと「あの交流会はろくな人がいなかった」と嘆いて終わります。

いまならオンラインの交流会を活用するのも一手です。

コロナ禍になってから、交流会の多くがオンラインで開催されるようになっています。私はコロナ禍になってから、無料のものを含むいくつかのオンライン交流会に参加してみました。

かつての異業種交流会は、昔の私のような保険の営業マンやネットワークビジネスの勧誘をする人が多く、しばらく足が遠のいていました。

しかし、オンラインの交流会に参加して、そのイメージがだいぶ変わりました。あからさまな売り込みは敬遠されるというイメージが浸透したのか、そういう人はほとんどいませんでした。

ブレイクアウトルーム機能（オンライン会議ツールで、少人数のグループに分ける機能）を使って、４～６人のグループで交流することもできるので、案外相手の人となりもわかりますし、交流もしっかりできます。

次のステップに進みやすいのもオンラインの強み。オンラインの交流会なので、気になった人とすぐに連絡をとって、１対１のオンラインミーティングにスムーズに移行することができます。

41 お金の使い方

やってはいけない!

人間関係が10年前と変わっていない

これで貯まる!

新しい人脈が、毎月1人増えている

もし10年ぶりに友人と会ったら、あなたはどんな言葉をかけられるでしょうか。

「全然変わってないね!」
「すごい変わったね!」

もしかしたら「変わってないね」と言われるほうがうれしいかもしれません。友人の「変わってないね」は、ある意味、褒め言葉でもありますから。お互いに変わっていないように感じられれば、すぐに打ち解けて昔話に花が咲くことでしょう。

しかし「変わってないね」と言われて喜んでいる人は、お金持ちにはなれません。なぜなら「変わっていない」のは成長していない証しともいえるからです。

一方「変わったね」は、マイナスの意味のケースもありますが、基本的に「成長した」「立派になった」という称賛の意味が込められています。

さらには「少し遠い存在になってしまった」という嫉妬心が混じっていることもあります。その場合、昔のように会話が盛り上がらず、居心地の悪さを感じる可能性もあります。

それでも、お金持ちは「すごい変わったね！」という言葉を誇りに思います。

なぜなら、お金持ちになる過程では、その成長に合わせて付き合う人間関係も変化していくからです。**だから「変わってないね」と言われて楽しく旧友との時間を過ごせる人は、ある意味「成長していない」とも言えるのです。**

数百万円の借金を抱えていた20代の頃の私は、まさに「変わらない」毎日を過ごしていました。

つるむメンバーはいつも同じ。頻繁にギャンブルに興じ、居酒屋やキャバクラに行っては、仕事や上司に対する愚痴をこぼしていました。いま振り返ると何が楽しかったのかわかりませんが、この仲間といっしょにいると居心地がよかったのです。

毎日のように彼らと会っていましたから、交友関係は限定的で、新しい出会いを求めることもありませんでした。

しかし、破産寸前まで追い詰められた私は「いまの生活から抜け出さなければ」と一念発起。お金や投資関連のセミナーや交流会など「夢や目標をもって行動している人」たちが集まるような場に足を運ぶようになりました。

ふだん付き合う相手が変わったことで、私はギャンブルやキャバクラからも足を洗い、資産を増やすことに成功しました。付き合う人を入れ替えることで、私の人生は好転したのです。

「付き合っている人が変わらない」ということは、自分の成長がストップし、人生が停滞している証拠です。10年前と人間関係が変わっていないなら、10年前から成長していません。

お金持ちになりたいなら、自分が現在いるコミュニティから抜け出して、別のコミュニティに移る必要があります。

人生のステージを上げたいのであれば、毎月1人ずつ人間関係を増やすことを目標にしてみましょう。

ポイントは同業ではなく、異業種の人とつながりをもつこと。そうすれば、視野も広がりますし、新しいコミュニティに入るきっかけをつくりやすくなります。

たとえば、貯金がほとんどない人なら、お金をテーマにしたイベントやセミナーに参加してみる。将来、経営者になりたい会社員であれば、経営者や起業家が集まるセミナーや懇親会に参加してみるのも手です。

最初は少々背伸びをする必要があるかもしれませんが、自分が理想とする資産やポジション、ライフスタイルをすでに手に入れている人たちと付き合うことによって、自分の思考や行動も変わっていくはずです。

コロナ禍の現在は、リアルで人脈を広げるのがむずかしいため、オンラインの交流会や勉強会を利用するのもひとつの手です。知り合いの紹介で参加するのがベターですが、あてがなければ「こくちーず」「セミナーズ」などのイベント情報サイトを覗けば、いくつも見つかります。毎日のようにさまざまな種類の交流会や勉強会が開催されています。

こうした交流会は有料のほうが参加者の質が高く、運営もしっかりしている傾向がありますが、私が最近参加した経験からいえば、無料の交流会でも商品を売りつけようとするような迷惑な参加者はほとんどいません。試しに無料の交流会から参加してみるのもおすすめです。

また、「長く続いている」「毎回参加者が多い」交流会は、それなりの質が担保されていて信頼できます。選ぶ際の基準のひとつとなります。

まずは興味がある交流会に参加してみましょう。

42 お金の使い方

やってはいけない！

アナログな名刺交換にこだわる

これで貯まる！

デジタルでも信頼は築ける

あなたはもらった名刺をどうしているでしょうか。

ホルダーに仕分けして大切に保管している？

五十音順、業界別にしっかり整理整頓されている？

ひと昔前までは、私もホルダーに名刺を整理し、保管していました。そのホルダーをパラパラめくりながら「この人と何か仕事ができないかな」とビジネス戦略を画策していたものです。

かつては名刺をどれだけもっているかが人脈の広さの証しであり、お金を生み出す宝でもありました。

しかし、いまは名刺ホルダーを開くことはありません。**人脈はすでにSNSのなかにあるからです。検索すればすぐにパーソナルな情報を見ることができ、簡単にメッセージを送ることができます。**

コロナ禍になってからは、めっきり名刺交換をする機会も減りました。だからといって、新しい出会いがなくなったわけではありません。オンライン交流会やSNSを通じて、これまで以上に人脈は広がり、そして深まっている感覚があります。

ひと昔前に「名刺コレクター」という言葉がありましたが、時代が変わっても、なお、名刺交換にこだわり、その数を自分の人脈だと信じている人はお金持ちにはなれません。

せっせと名刺を集めても、顔を思い出せない人やどこで会ったかも覚えていない人の名刺も紛れ込んでいるかもしれません。または何年も連絡をとっていない人もいるでしょう。

お金持ちは、もらった名刺をいつまでも大切に保管していません。必要のない名刺を処分し、必要な名刺だけを残しておきます。こうして自分にとって誰が大事な人であるかを常に把握しているのです。

デスクの上に書類などが散乱している人は、頭のなかも整理されておらず、仕事も混乱しがち。一方で、デスクまわりの整理整頓ができている人は、仕事の段取りもスムーズで、早く成果を出します。

人脈もこれと同じで、使わない名刺がたくさん混ざっているということは、人脈の整理がついていない証拠。自分にとって大切な人、そうでない人の区別がつきづらくなります。そうすると、自分にとって大事でない人に時間と労力を費やし、本当に大事な人に不義理を働いてしまうこともあります。

お金持ちは、もはや名刺をもつことに価値を置いていません。なかには名刺をすべて処分してしまった人もいるくらいです。

オンライン上の付き合いで事足りるからです。そもそも名刺には、名前、会社名、住所、電話番号、メールアドレスくらいしか記載されていませんが、これらはたいていSNSを調べればわかります。

「名前がわからなかったら検索もできない」という反論もあるかもしれませんが、名前も思い出せないような相手は、きっと名刺交換をしても忘れてしまうはず。自分とは縁がなかったと言って差し支えありません。

お金持ちは、見た目の姿かたちではなく、「自分にとって必要かどうか」という本質で判断します。名刺よりＳＮＳのほうが便利だとわかれば、名刺という形にこだわりません。「目的を達成するために何が効果的か？」を常に考えているのです。

これからは形式的な名刺の価値は下がり、プロフィールカードのような個性がわかるものを使用する人が増えるかもしれません。これを機に、あなたも名刺のあり方を考えてみてはいかがでしょうか。

第5章

やってはいけない お金に対する「考え方」

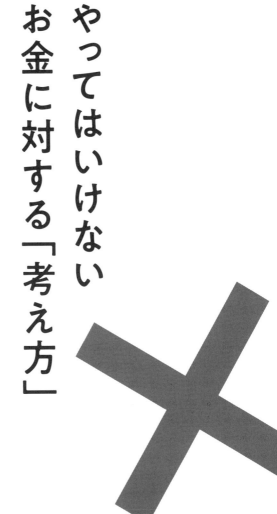

43 お金の使い方

やってはいけない！

給与明細は、しっかり見ずに捨てている

これで貯まる！

給与明細は、きちんと内容を確認する

いきなりですが、質問です。

あなたの給与額はいくらでしょうか？

正確には答えられなくても、自分が手取りでどのくらい稼いだのかくらいは、ざっくりと知っていると思います。

では、給料から何がいくら天引きされているでしょうか？

この質問に答えるのは、少しむずかしいかもしれませんね。

ほとんどの人は「給料から何がいくら天引きされているか」をあまり把握していないでしょうから。

所得税・住民税はどれくらい引かれているでしょうか？

厚生年金はいくらでしょうか？

健康保険の金額を正確に言えるでしょうか？


これらの金額は毎月の給与明細にきちんと記載されています。

もし見当もつかなかったのなら、きちんと給与明細を確認していない証拠です。なかには中身を見ることなく捨ててしまう人もいるようです。


給与明細のなかには、自分の努力とは関係なく出ていってしまうお金があります。

所得税など税金や健康保険、年金、雇用保険といった社会保険料です。これらの税金や社会保険料は、毎月の給料から自動的に差し引かれています。

そのほか、40歳以上になると支払う「介護保険料」のほか、会社によっては労働組合費などが差し引かれることもあります。

天引きされているので、ふだんはあまり気にしていないかもしれませんが、これらはあなたが稼いだ給料のなかから支払っているお金です。

何年も同じ会社で働いていると、給与明細をわざわざ確認しない人もいますが、天引きされる金額は毎年変動していきます。自分がどれくらいの税金や社会保険料を払い、どのような保障を得られるのか、といったことは最低限押さえておくべきでしょう。

給与明細をしっかり確認していないということは、入ってくるお金と出ていくお金にあまり関心がない証拠です。そういう人は一時が万事その調子で、買い物でもらったレシートも捨てている可能性が高い。

出入りするお金に関心の低い人は、お金の管理も雑になりがちです。入口も出口もざっくりとしか把握していないがゆえに、知らず知らずのうちに毎月の支出が収入を上回り、貯金を減らしているかもしれません。これではいつまで経ってもお金は増えていきません。

ビジネスでも結果を出す人は、数字やデータにもとづいて判断しています。「この商品はきっと売れるだろう」とざっくりした考え方では失敗しますし、まわりを説得することもできません。

給与明細とは?

給与明細

氏名 所属	所属	社員番号	氏名
			きずな一郎様

2021年３月分

勤怠	出勤	休出	特休	有休	欠勤	有休残	出勤時間	遅早時間	時間外	休日出勤	
	20				0						

支給	基本給	時間外	休日出勤	深夜				
	200,000	62,500						
						出張時交通費	勤怠控除	非課税通勤費
								24,000

控除	健康保険	介護保険	厚生年金	雇用保険	社会保険合計	課税対象額	所得税	住民税
	8,200		14,496	1,575	24,271	238,229	3,500	7,000

				総支給金額	控除合計額	差引支給額	現金支給額	銀行振込額
				286,500	34,771	251,729		251,729

どんな項目が引かれているのか、意味を理解して、よく見てみよう！

具体的な数字で商品や市場の有望性を分析してこそ、まわりの人の協力を得られ、成功に向けて計画を推進することができます。

給与明細の数字は、毎月大きく変動するわけではありません。だからといって、すぐに捨ててはいけません。

しっかり毎月確認することによって、お金の正確な流れをとらえ、お金と正面から向き合えるようになります。

44 お金の使い方

やってはいけない！

「いつか」はお金持ちになってやる！

これで貯まる！

「いつまで」を明確にする

「いつかはお金持ちになりたい」

これは、私のセミナーにやってくる参加者の声です。多くの人は、このように漠然とした希望を抱きながらセミナーにやってきます。

しかし、「いつかはお金持ちになりたい」と思っているだけでは、その夢は実現しません。目標設定そのものは大切ですが、それが具体性に欠けると、目標としての効果が発揮されないからです。

そもそも「お金持ち」とは、どういう人のことを言うのでしょうか。お金持ちの基準は人それぞれ。「年収1億円は稼ぎたい」という人もいれば、「年収1000万円で十分」という人もいます。

その基準が自分のなかで明確になっていないと、何をめざせばいいかわからないため、結果的にいつまでも「お金持ちになりたい」という漠然とした夢を追い続ける結果となります。

目標を設定するときは、「いつまでに、こうなりたい」というところまで具体的に落とし込むことが大切なのです。

目標を具体化する際のコツは、「なぜその目標を達成したいのか」という理由を明確にするのがポイント。「お金持ちになりたい」という目標であれば、次のことをあきらかにする必要があります。

「お金持ちになって何をしたいか？」
「どのくらいのお金が必要か？」
「いつまでに達成したいか？」

これらを踏まえて考えてみましょう。

「老後資金として平均3000万円が必要だと聞いたから、定年までに3000万円を貯めたい」という目標はどうでしょうか？

ある程度、具体化されましたが、理由が弱すぎます。

「3000万円が必要」というのはあくまでも与えられた平均の数字で、自分の意思や希望が反映されていません。老後に必要なお金は人それぞれで、実際には3000万円では足りないかもしれない。しかも、理由が腹に落ちていないと、行動にはつながりません。

「そのお金を貯めて何をしたいか」をもっと具体化しなければいけません。

たとえば、**「家族といっしょに過ごす時間を大事にするために、半リタイア生活を実現する。そのために50歳になるまで3億円の資産をつくる」というように、具体的で突っ込んだ目標を立てることによって、初めて行動に結びつきます。**

ただし、目標は大きすぎると、途中で頓挫《とんざ》してしまいます。

目標達成をするには、小さな成功体験が重要です。

その体験を積み重ねることで大きな目標にたどりつきます。

お金を貯める際も、「目標金額を貯めて、自分の願望を実現する」という成功体験が必要です。最初から実現不可能な目標を立てると、そのような成功体験を味わえません。


子どもの頃、ほしいものを手に入れるために「貯める」→「使う」という経験をした人は、大人になってからも目標に向かってお金を貯めることができる、といわれています。反対にお小遣いをすべて使い切ってしまうタイプの人は、大人になってからもなかなかお金を貯められず、ほしいものを手に入れられません。

私が学生の頃の話です。

音楽を聴くのが好きだった私は、ある高級オーディオセットが欲しくてたまりませんでした。価格は25万円。到底、お小遣いだけで買える金額ではありませんでした。

そこで、高校生だった私は一念発起。アルバイトに励み、1年後にはとうとうそのオーディオセットを手に入れたのです。そのときの達成感と感動はいまでも忘れられません。

目標金額に達したら、「やったぁ」という達成感や感動を体験します。じつは、こうした**成功体験を脳と体が覚えていると、次にほしいものが見つかったとき、また達成感や感動を味わいたいという衝動がわき、お金を貯めやすくなる**のです。

だからこそ、最初は小さな目標に分解し、それを達成するプロセスが必要になります。

「50歳になるまで3億円を貯める」という目標であれば、「毎月3万円ずつ投資にまわして、1年後に36万円以上の資産をつくる」といった具合に小さくする。実現可能で明確な目標が目の前にある人は、その目標に向けて確実にお金を貯められるのです。

45 お金の使い方

やってはいけない！ お金を受け取るのが苦手

これで貯まる！ お金は人を幸せにした「報酬」だから、堂々と受け取る

「本当にお金をもらってもいいのでしょうか？」

副業で起業したばかりのCさんから、こんな相談を受けたことがあります。

「まだはじめたばかりのサービスなので、お金をいただくのが後ろめたい」というのです。その結果、彼女は自社のサービスをお試しサービスとして無料で提供することを検討しているといいます。

それを聞いた私は、すぐ彼女にこうアドバイスしました。

「**無料は絶対にダメ！　少しでもいいので対価を得てください**」

意外に思うかもしれませんが、お金を儲けることにネガティブな感情を抱く人は少

なくありません。

これは日本人特有の発想かもしれません。「お金に執着していると、ろくなことにならない」と考えてしまうようです。

経験則からいっても、日本人には、お金儲けに罪悪感をもつ人は少なくありません。

私が学習塾で講師の仕事をしていた頃の話です。

21歳のとき、月50万円もの給料をもらっていました。同級生たちと比べても、ダントツの高給取りでした。

すると、まわりの人は「田口は羽振りがよさそうだけど、何か悪いことでもしているのではないか。そのうち痛い目に遭うだろう」と言いはじめたのです。

このとき、私は「お金を儲けること＝悪いこと」というイメージが日本人の頭にインプットされていることを実感しました。

もちろん、お金持ちのなかにも悪い人はいますが、お金持ちでない人にも悪いことをする人はたくさんいます。「お金持ち＝悪」というのは都市伝説レベルに根拠がないのです。

日本人はお金に対してもっと欲張りになってもいいのです。なぜなら、それは人を

幸せにすることでもあるからです。

たとえば、お金持ちは、たくさんの幸せを世の中に提供して役に立っているから、得られる報酬が多くなります。こう考えたほうが自然ではないでしょうか。

しかも高給取りになれば、税金をたくさん払うことになります。コロナ禍のセーフティーネットとなる給付金や支援金はもちろん、警察官、自衛隊、救急車や消防車、ゴミ収集車、道路や信号機、図書館、学校教育……こうした社会的インフラはすべて税金に支えられています。

当たり前すぎて意識しないかもしれませんが、税金をたくさん払うことは、豊かで安全な暮らしに貢献することなのです。

起業したCさんの話に戻りましょう。

彼女のサービスもお客さまの役に立つのであれば、負い目を感じる必要はありません。お客さまからいただくお金は、提供した価値の対価です。堂々と対価を得て、税金を納めるべきなのです。

もし最初にサービスを無料で提供してしまうと、困ったことになります。以後、お金をとりづらくなってしまうからです。

無料でおいしい思いをしたお客さまは、「次回から有料」と言われると、損した気分になります。もうそのサービスを利用しなくなるでしょう。

事業をスタートするときは、よくモニターとして商品やサービスを提供することもあります。その際も、むやみに無料としないこと。人数を制限するか、割引価格にすべきです。多少でも対価を払うのと、無料で手に入れるのとでは心理的に雲泥《うんでい》の差があります。

また、価格設定をするときには、「松・竹・梅」の料金プランを用意するのもテクニックのひとつ。 3つの価格帯を設定し、お客さまに選んでもらえば、お金を受け取る後ろめたさはなくなります。あくまでも料金とサービスを選ぶのはお客さまなのですから。

46 お金の使い方

やってはいけない！

やれない理由を考える

これで貯まる！

いま、できることを考える

コロナ禍によって、飲食業や観光業を中心に多くの人が打撃を受けました。

しかし、同じ状況であっても、なんとか持ちこたえて利益を出している会社やお店もあれば、急激な環境変化に対応できず、結局、廃業してしまった会社やお店もあります。

何がその差を生んだのでしょうか。

お金を失う人は、何かをはじめるときに「やれない理由」を考えます。

たとえば、コロナで厳しい状況に追い込まれたお店は、行政から一時支援金や協力金を受け取ってなんとか凌ぎながらも、「いまはコロナだからどうしようもない」と指をくわえていました。結局、支給された一時金や協力金が減るばかりで、お店を立て直す余力は残っていませんでした。「コロナ」がやれない理由になってしまったのです。

一方、私の知り合いの居酒屋は行政のサポートを受ける一方で、自助努力もしていました。コロナ前は夜のコースメニューだけを提供していましたが、昼のランチ営業を開始し、夜はアラカルトメニューを増やして、新しい客層を開拓しました。

さらには、ポスティングや既存客へのDM（ダイレクトメール）など地道な営業にも初めてチャレンジしました。

あいかわらず経営環境は厳しいものの、できることをやって現金収入を増やし、コロナ前と同水準の売上を維持しています。

例をもうひとつ。

手前味噌で恐縮ですが、私の妻は結婚式の司会業の会社を長く経営してきました。しかし、コロナ禍によって結婚式のキャンセルが相次ぎ、売上が激減してしまいました。このまま手をこまねいていたら、じり貧になるだけ……。

そこで一念発起した妻は、ブライダル業界で仕事をしてきた経験を活かして、結婚相談所の事業もスタートさせました。

新事業でなんとか歯を食いしばっているうちに、ブライダル需要も少しずつ回復。いまは2つの事業を柱として、会社を継続させています。

このように、お金が増える人は、いまできることを考えます。

一方、一歩を踏み出せない人、変化に対応できない人は、「○○だから」とやれない理由を並べ立てます。

「お金がないから」
「経験がないから」
「家族が反対するから」

行動を起こさずにいれば、現状維持できれば御の字。コロナ禍のようなピンチの局面では、お金や仕事などたくさんのものを失いかねません。

資金や人脈などすべての条件が整ってからスタートできれば結果が出る可能性が高くなるでしょう。しかし、すべての条件がそろうことはほとんどありません。

お金持ちは、いまできることを行動に移します。

たとえば、英語力を活かして起業をしたい人がいるとします。ところが、資金も人脈もない。独立しても成功できる確証はない……。

こんなケースで成功する人は、「いきなり独立しなくてもいい。副業からはじめてみよう」「SNSや動画投稿サイトで英語のスキルを紹介しよう。興味をもってくれる人が仕事を依頼してくれるかもしれない」という発想をします。

かつての人気テレビ番組『マネーの虎』に出演し、全国にリサイクルショップを展開していた堀之内九一郎さんは、投資を志願してくる参加者に対して、「いまできることからはじめればいいじゃないか」と何度も口にしていました。

たとえば、移動販売のビジネスをはじめるために新車購入の資金を投資してほしいという参加者には「最初は中古車でも自転車でもいいじゃないか」とアドバイスしていました。

まずはできる範囲でスタートする。仮にうまくいかなくても致命傷を負わずに済みます。再起もしやすい。お金持ちや事業の成功者も、いきなり大成功したわけではありません。できることからはじめて、徐々に事業を広げていったのです。

お金の使い方 47

やってはいけない！

「あの人は特別だからできた」と考える

これで貯まる！

「自分と同じところはあるか」と考える

私が講演会やセミナーでお金や資産運用にまつわる話をすると、参加者からこのような感想が漏《も》れ聞こえてくることがよくありました。

「田口さんだからできたんですよね」
「著者として何冊も本を出している人だから……」

これらの言葉の裏には、「この人は特別だから……自分にはできない」というあきらめの感情が含まれています。

もちろん、私と参加者では、過去の経験も実績も違います。異なる人生を生きているのですから当たり前です。

しかし、このように残念な考え方をしていたら、いつまで経っても成功者との距離は近づかない。ますます広がるばかりです。

お金が貯まる人は、成功者との共通点を探します。

「田口さんが借金をしていたときの年齢と近いので、30〜40代に向けてこんなことをやりはじめました」

これは講演会に参加してくれた人のコメントです。さまざまな機会を通じて、「私が特別なのではない。実行さえすれば誰でもお金持ちになれる可能性がある」というメッセージを送ってきた効果なのか、最近は、私と比較するのではなく、同じ部分を見つけ出してポジティブに行動してくれる人が増えてきたことをうれしく感じています。

振り返ってみると、私も成功者の話を自分事としてとらえたからこそ、お金のスト

レスフリーを実現できました。

多額の借金を抱えていたとき、運命を変える一冊と出合いました。

ロバート・キヨサキ氏の世界的なベストセラー『金持ち父さん 貧乏父さん』（筑摩書房）です。

経済的自立を意味する「ファイナンシャル・インディペンデンス」という考え方を知り、のちに自分の会社名に冠したのは、本書がきっかけでした。

簡単に言うと、「労働収入に頼ることなく、資産を大きくして生み出した不労収入で暮らそう」というのが著者の主張でした。私も漠然と「こういう人生が送れたらいいなあ」と思っていたので、心の底から共感しました。そして、本書の内容を大いに参考にし、できることから行動に移していったのです。

ここで私が「著者はアメリカ人だから……」「日本とは環境や制度が違うから」と特別視していたら、いまのようなお金のストレスフリーの状態を実現することはできませんでした。

このところ、私の著書や講演で紹介した手法をできることから実践し、確実に資産を増やす若者が増えています。彼らの報告を聞いていると、私よりも早期に「お金のストレスフリー」を実現しそうな勢いです。

最近は20～30代の若者の間で、ＦＩＲＥ（ファイア：Financial Independence, Retire Early）という言葉をよく聞くようになりました。経済的に自立し、早期リタイアを実現することを意味します。

私が本書で使っている「お金のストレスフリー」や私の会社の名前である「ファイナンシャルインディペンデンス」とほぼ同じ意味です。強いて差を挙げれば、「より早期に」というのが近年のムーブメントとなっているようです。

成功者に憧れているだけでは、一歩もその人に近づけません。若くしてリタイア生活を実現できる人は、成功者から学び、自分のできることから実践しています。

実際に共通点を見つけて、できることからはじめてみると、案外うまくいくものです。そういう経験をすると、成功者との距離が縮まり、次にすべきことがおのずと見えてくるはずです。

48
お金の使い方

やってはいけない！
危機に直面したら、ひとまず退避する

これで貯まる！
ピンチを歓迎する

「ピンチはチャンス」という言葉がありますが、今回のコロナ禍はまさに大ピンチ。そのピンチを言葉通りチャンスに変えた人もいます。

2020年、新型コロナウイルスの感染拡大は世界経済に打撃を与え、一時期、日本の株式市場も大幅な下落を記録しました。2001年のITバブル崩壊、2008年のリーマン・ショックに匹敵する大暴落でした。

しかし、しばらくすると、各国の金融緩和によってだぶついた資金が株式市場にも流入、株価はV字回復を遂げました。

このプロセスで、私のまわりの投資家たちは大きな利益を得ました。損をした人は

ほとんどいません。

なぜ、大暴落を乗り切ることができたのでしょうか。

株価が急激に下がれば資産がどんどん減っていくわけですから、ふつうならパニックになり、足がすくみます。投資の初心者ならひとまず退避することを考える。大慌てで株を売って損切りしようとするでしょう。

手元の資金が大きく目減りしてしまった投資家は、これ以上資産を減らさないよう、嵐が過ぎ去るのをじっと待つしかありません。

しかし、今回、大きく利益を出した投資家は、コロナショックに襲われてもパニックになることはありませんでした。むしろ株価が下がるのを待って、株を買い増していったのです。

なぜ、そのような臨機応変かつ大胆な判断ができたのか。

それは、多くの投資家が過去に同じようなケースで失敗を経験していたからです。

ITバブル崩壊やリーマン・ショックで多くの投資家がパニックになり、大きな損失を被《こうむ》りました。

これらの経験を通じて、多くの人が「株価の大暴落が起きたときは、ピンチではな

くチャンス」「株価が激しく下がったときに買っておけば、経済が回復したときに大きく利益を出すことができる」と学んだのです。

だから、今回利益を出した投資家はコロナショックで株価が大きく下げたとき、「いよいよ過去の経験を活かす大チャンスがやってきたぞ！」とほくそ笑んだはずです。一時的に株価は下がるが、コロナが終息に向かえば経済も株価も回復する、と冷静に判断できたのです。

今回、コロナショックで利益を出せなかった投資家や、コロナに翻弄《ほんろう》されて臨機応変に動けず、事業が打撃を受けた人も少なくないでしょう。

いまはつらいかもしれません。しかし、絶望する必要はありません。人生はまだ続きます。失敗から学び、少しずつ変わっていけばいいのです。

また、同じような局面を迎えたとき、次回はどう動けばいいか学んだはずです。

少しずつでも変わることを怠らなければ、次回迎えるピンチでは、臨機応変に動き、チャンスに変えられます。

最後に「やってはいけない」をもうひとつ。

×「本書を閉じて寝てしまう」

144ページの「ビジネス書の読み方」の項目で、読むだけで満足してはいけない。読んだらすぐ実践すべきだとお伝えしました。

すでに本書の項目をひとつでも実践しているなら、あなたはお金持ちに近づいています。ぜひこの調子で、お金が貯まる習慣と考え方を実践し、お金持ちへと続く道を歩んでください。

逆に、まだひとつも実践していないなら、ぜひ今日寝る前に最低ひとつは実践してみてください。

人のモチベーションは長続きしません。一晩眠って明日になったら、すでにテンションが下がっているかもしれません。読んだことさえ、なかったことになる可能性もあります。

だから、いますぐ実行なのです。

ひとつも共感できる項目がなかったら、著者として私が力不足だったと認めざるをえません。しかし、「おわりに」まで読んでくださったのなら、何かしら心に刺さるものがあったのだと想像できます（そうであってほしい！）。

寝る直前に、この「おわりに」を読んでいるというあなた。

・財布のクレジットカードを1枚だけにする
・スマホ決済用のアプリをダウンロードする
・情報発信用のSNSのアカウントをつくる

これくらいなら寝る直前でも実行できるはず。

ふとんのなかで、いますぐにでも寝落ちしそうなあなた。

とりあえず目覚まし時計の設定時刻を30分早めてみてはどうでしょう。朝型の生活に向けてスタートを切るくらいならできるはず。

とにもかくにも小さな一歩を踏み出し、動いてみる。すると、わずかかもしれませんが、変化が起き、結果が出ます。30分早く起きて行動すれば、清々しい気分で一日をスタートできるかもしれません。

「行動→変化→結果」を繰り返し積み重ねることで、お金が貯まる体質へと徐々に変わっていくのです。

さあ、お金持ちへの一歩を踏み出してみましょう。いますぐに。

田口　智隆

著者プロフィール

田口智隆（たぐち・ともたか）

1972年埼玉県生まれ。投資家。株式会社ファイナンシャルインディペンデンス代表取締役。大学卒業後、学習塾の講師となるも、連日飲みに行き借金が膨らむ。28歳のとき、父親が病に倒れたのを機に、父親が経営する保険代理店に入社し、地域ナンバーワン代理店に成長させる。また、徹底した節約と資産運用により、自己破産寸前まで膨らんだ借金をわずか数年で完済。その後は「収入の複線化」「コア・サテライト投資」で資産を拡大。34歳のときに独立する。現在、その経験を活かしマネー・カウンセリングをおこなう一方、日本全国でセミナー活動を積極的におこなっている。

著書は、『28歳貯金ゼロから考えるお金のこと』（KADOKAWA）、『11歳のバフェットが教えてくれる「経済」の授業』（フォレスト出版）、『お金が貯まらない人の悪い習慣39』（マガジンハウス）、『なぜ賢いお金持ちに「デブ」はいないのか?』（水王舎）、『即断即決』『入社1年目のお金の教科書』『おカネは、貯金に頼らずに守りなさい。』（きずな出版）など、累計100万部。

やってはいけないお金の使い方

2021年9月1日　第1刷発行

著　者　　田口智隆

発行者　　櫻井秀勲
発行所　　きずな出版
東京都新宿区白銀町1-13　〒162-0816
電話03-3260-0391　振替00160-2-633551
https://www.kizuna-pub.jp/

編集協力　　高橋一喜
ブックデザイン　池上幸一
印刷・製本　　モリモト印刷

ISBN978-4-86663-149-3

きずな出版